Chee Soo wurde in London als Sohn eines chinesischen Matrosen und einer Engländerin geboren. 1934 begegnete er Chan Kam Lee, dem letzten T' ai Chi-Lehrer aus der Lee-Familie. Als sein Schüler lernte er das weite Feld taoistischer Kampf- und Heilkunst, Philosophie und Kultur kennen. Nach dem Tode Lees 1954 wurde er Präsident der »International Taoist Society«. Chee Soo lebt und lehrt heute in London.

Alternativ Heilen

Herausgegeben von Gerhard Riemann

Dieses Buch wurde auf chlor- und säurefreiem Papier gedruckt.

Vollständige Taschenbuchausgabe Oktober 1992
Droemersche Verlagsanstalt Th. Knaur Nachf., München
Lizenzausgabe mit freundlicher Genehmigung
des Kösel Verlages GmbH & Co., München

Umschlagillustration Susannah zu Knyphausen, München
Gesamtherstellung Elsnerdruck, Berlin
Printed in Germany
ISBN 3-426-76005-3

2 4 5 3 1

Chee Soo

Taoistisches Heilen

Gesundheit und Wohlbefinden durch traditionelle chinesische Heilkunst

Knaur

Übersetzung aus dem Englischen: Norbert Meller, Gronau. Die Originalausgabe erschien unter dem Titel »The Taoist Ways of Healing. The Chinese Art of Pa Chin Hsien«; die deutsche Ausgabe enthält zusätzlich Kapitel 6 und 7 aus »The Tao of Long Life. The Chinese Art of Ch' ang Ming«; beide erschienen bei Aquarian Press/Thorsons Publishing Group, Wellingborough/England.

Inhalt

Vorwort

Aus chinesischer Sicht ist es sehr erfreulich zu wissen, daß immer mehr Menschen im Westen ein so großes Interesse an den alten Künsten Chinas haben und die chinesische Denkweise zu verstehen und in ihr tägliches Leben zu integrieren lernen. So werden sie vertraut mit der Philosophie, die das Fundament der gesamten chinesischen Nation sowie aller außerhalb Chinas lebenden Chinesen darstellt – einer Philosopie, mit der sie über Tausende von Jahren verwachsen sind.

Um jedoch jeden Aspekt der chinesischen Lebensart voll würdigen zu können, müssen die Menschen im Westen eine schlechte Gewohnheit ablegen. Westler sehen auf ein Objekt, ein Symptom oder sogar auf einen geschriebenen Satz und glauben sofort an das, was sie sehen, lesen oder hören, genau so wie es ihnen präsentiert wird. Ein westlicher Arzt z. B. wird auf eine Warze sehen und sie zu verkleinern oder gar chirurgisch zu entfernen versuchen. Ein chinesischer Arzt würde dieses Problem jedoch anders lösen, indem er die Ursache für das Erscheinen der Warze zu ergründen versucht. Er würde dann die Ursache behandeln, so daß das Symptom langsam für immer verschwände. Bei der westlichen Behandlungsweise gibt es keine Garantie dafür, daß die Warze nicht eines Tages wieder erscheint.

Ein anderes typisches Beispiel für die Behandlung eines Symptoms, ohne die Ursache direkt anzugehen, ist die westliche Angewohnheit, bei Kopfschmerzen Tabletten einzunehmen. In diesem Fall ist die Ursache im Dickdarm oder in der Blase zu finden, und durch eine Behandlung dieser Ursache, die entweder in dem einen oder dem anderen Organ liegt, kann der Leidende nicht nur sicher sein, daß seine Kopfschmerzen innerhalb von Sekunden verschwinden, sondern auch, daß sie nicht wiederkommen. Aus diesen Gründen sind die Chinesen auch in der Lage, Migräne innerhalb von vierundzwanzig Stunden ohne die Einnahme von Tabletten und Arzneien für immer zu heilen.

Alle ernsthaft an China, seiner tief verwurzelten Kultur und seiner Philosophie Interessierten können aus diesem einfachen Grundsatz lernen. Um Interesse in Verstehen umzuwandeln, müssen Sie sich mit Chinas Vergangenheit beschäftigen; Sie müssen sogar mehr als 12000 Jahre zurückgehen, dann, und nur dann, werden Sie bis zu den Wurzeln gelangen und tiefe, bleibende Einsichten erhalten. Wenn Sie wissen wollen, was ein Gebäude über viele Jahrhunderte aufrechterhält, betrachten Sie seine Fundamente, dort werden Sie die Antwort finden.

Wenn Sie in der Zeit zurückgehen, werden Sie verstehen, daß die Natur der Chinesen unauslöschlich geprägt wurde durch die Philosophie, die Kultur und das Wissen einer Jahrtausende dauernden Erziehung und von dem Verständnis der Grundlagen eines Lebens in Übereinstimmung mit den unvergänglichen Gesetzen des Universums. Daß alles im Leben seine eigene, einzigartige Balance haben und in ständiger Harmonie mit seiner Umgebung sein muß, ist eines der fundamentalen Gesetze. Nichts kann für sich allein existieren, denn alle Dinge sind miteinander verwoben und machen das Universum zu dem, was es ist – einfach das eine gewaltige Dasein. Den feinen Mechanismus, der die Prinzipien der Natur erschafft und aufrechterhält, zu stören ist fatal, denn dies kann sehr ernstzunehmende Rückwirkungen in Form von Streß, Streit, Krieg und Krankheit auf die Natur und die Menschheit haben.

Der Taoismus existiert in China seit wenigstens 12000 Jahren. Seine Grundlagen wurden jedoch schon Tausende von Jahren zuvor niedergelegt, wenngleich sie in jenen Urzeiten niemals einen besonderen Namen hatten. Für die Chinesen jener Zeit waren diese Grundsätze einfach eine Lebensweise, d. h. sie richteten sich nach dem unvergänglichen Gesetz des Universums wie sie es kannten. Durch ihre einfache Einstellung zum Leben und ihre Lebensweise gaben sie der ganzen chinesischen Nation eine bleibende Philosophie, die keines gesprochenen Wortes bedurfte und daher automatisch zu einem Leitfaden wurde, der von einer Generation zur nächsten weitergereicht wurde.

Es waren Taoisten, die viele der alten Künste und Praktiken über die Jahrhunderte erhalten haben; diese wiederum vermittelten ihnen ein tieferes Verständnis der Prinzipien, nach denen sie ihr Leben gestalteten, und ließen sie alle Dinge würdigen, die im Kosmos eine Rolle spielen. Sie überbrückten den Raum zwischen Himmel und Erde und änderten dadurch ihre Einstellung über Spirituelles und Körperliches. Hierbei erkannten sie das »Tao«, das ursprüngliche Gesetz, das alle

Dinge im Universum im Gleichgewicht hält, und nahmen es als »Die Höchste Erkenntnis« an.
Diese Erkenntnis war es, die zum Konzept von Yin und Yang führte, den zwei Seiten aller Dinge, und es war diese tiefe Einsicht, die ihre Einstellung zu allem, was in ihrem Leben passierte, änderte. Sie verlieh ihnen die stille Heiterkeit des »Annehmens«, und dadurch waren sie in der Lage, das Tao in allen Dingen zu erkennen.

Einleitung

Außerhalb Chinas ist sehr wenig über die dort seit Tausenden von Jahren praktizierten therapeutischen Methoden bekannt, die bis heute von Chinesen überall in der Welt angewandt werden. Von den vielen in China bekannten Wissenschaften hat bisher nur die Akupunktur die Aufmerksamkeit der westlichen Welt auf sich gezogen; und sogar deren Resultate werden von vielen medizinischen Sachverständigen angezweifelt.

Der gewaltige Erfahrungsreichtum blieb jedoch nicht völlig unbeachtet, denn Japan wendet jetzt die traditionellen chinesischen Heilmethoden in großem Maßstab an, und die Akademie der Wissenschaften in der Sowjetunion hat eine Abteilung für das Studium der chinesischen Methoden und Fertigkeiten eingerichtet. Sogar in Frankreich und Deutschland steigt das Interesse aufgrund regelmäßiger Veröffentlichungen. In England gibt es, zusätzlich zu den von der Gesellschaft für Akupunktur angebotenen Ausbildungsmöglichkeiten, regelmäßig Kurse in London und anderen Orten. Auch in Europa gibt es einige Zentren, die die zahlreichen chinesischen Heilkünste lehren, die zusammen Pa Chin Hsien (die Acht Fäden des Brokat) bilden. Sie alle stehen unter der Schirmherrschaft der »Chinese Cultural Arts Association« und der »International Taoist Society«.

Warum wissen die Chinesen über den menschlichen Körper soviel, während die westliche medizinische Wissenschaft mit ihren gewaltigen Hilfsquellen noch immer nicht in der Lage ist, einfache Krankheiten wie Entzündungen der Nasennebenhöhle, Migräne, Arthritis, Herzbeschwerden, Krampfadern, Nervenschwäche, Sklerose und weitere zu heilen? Gewaltige Geldmittel werden jedes Jahr verschwendet in dem Bestreben, Heilmittel für die Symptome von Krankheiten zu finden, obgleich wir in China die Lösung für diese ganzen Probleme haben und in der Lage sind, die Vielfalt der Fragen zu verstehen, die seit Tausenden von Jahren immer wieder gestellt werden. Tatsächlich kann eine gewöhnliche Erkältung innerhalb von achtundvierzig Stunden ganz einfach durch den Druck eines Fingers geheilt werden, und Migräne kann innerhalb derselben Zeit durch die Umstellung der Ernährung genauso schnell zum Stillstand gebracht werden. Es würde uns interessieren, wieviele Millionen Mark vergeudet wurden bei den ergebnislosen Versuchen eine Pille zu finden, die die gleichen Resultate erzielt.

Der Anfang: Die »Söhne des reflektierenden Lichtes« und die Frühen Taoisten

Was war der Ursprung der chinesischen Heilkünste? Mein verehrter Meister, Professor Chan Kam Lee, erklärte mir 1934, daß vor etwa 12000 Jahren eine Rasse sehr hochgewachsener Menschen (der Überlieferung nach sollen sie über zwei Meter groß gewesen sein) erschien, die wegen ihrer ungewöhnlichen Kleidung als die »Söhne des reflektierenden Lichtes« (Fankuang Tzu) bekannt wurden. Woher sie kamen, ist immer noch ein Rätsel, das vielleicht nie gelöst werden kann. Sie verschwendeten jedoch keine Zeit und begannen sehr bald damit, eine Gruppe von Fachleuten der vielen Handels- und Berufsstände, deren Intelligenz über dem Durchschnitt der damaligen Zeit lag, um sich zu sammeln.

Sie unterwiesen sie in vielen verschiedenen Künsten und Handwerken, die technisch über alles hinausragten, was in jenen Tagen bekannt war, und von denen einige bis heute nicht verbessert werden konnten.

Die Unterweisung der Chinesen in den zahlreichen Wissenschaften, von denen man zur damaligen Zeit noch nie etwas gehört hatte, dauerte viele Jahre. Sie waren nicht nur neu für die Chinesen, sondern der damaligen chinesischen Lebensweise völlig entgegengesetzt. Viele starben während der langen Zeit der Unterweisungen, so daß ihre Kinder und Enkel die Arbeit und die Studien fortführten.

Sie wurden in vielen Künsten unterwiesen, u. a. in der Seidenweberei, Töpferei, dem Gebrauch von Metallen, der Herstellung und Verwendung von Schießpulver, der Herstellung von Glas und in der wichtigsten aller Künste, dem umfangreichen Bereich der Heilkunde mit Kräutertherapie, Ernährungstherapie, Wärme- und Kältebehandlungen, Massage, Akupressur, Atemtherapie und Energietherapie.

Generation um Generation versuchte, die Arbeit dieser wundervollen Menschen weiterzuführen. Nur die Zeit wird uns sagen können, ob das Festhalten der Chinesen an den Originallehren über die vielen Jahrhunderte Erfolg hatte. Da es jedoch keine schriftlichen Aufzeich-

nungen gibt, kann nicht ausgeschlossen werden, daß wahrscheinlich einige der Lehren verlorengegangen sind.
Nach vielen Jahrhunderten verschwanden die »Söhne des reflektierenden Lichtes« wieder und man hat seither nichts mehr von ihnen gehört. Auf den Fundamenten ihrer Arbeit konnte jedoch immer weiter aufgebaut werden. Viele der auserwählten Familien verbreiteten sich über ganz China, so daß gewisse Teile der Heilkünste in bestimmten Teilen des riesigen chinesischen Territoriums besonders bekannt waren, was aber auch darauf zurückzuführen sein könnte, daß einige Künste sich für das lokale Klima und die natürlichen Gegebenheiten eines Gebietes besser eigneten als andere.
Die Auflagen einiger Kriegsherren und unterschiedliche philosophische und religiöse Ansichten hatten ebenfalls große Auswirkungen auf die dort praktizierten Heilkünste.
Dies bewirkte, daß die Heilkünste, nachdem sie viele Jahrhunderte an einem Ort gelehrt wurden, sich schließlich über ganz China ausbreiteten und lokale Traditionen sich langsam um sie herum aufbauten. Es waren Taoisten, die sie alle wieder zusammenbrachten, so daß die Fortschritte in den Erkenntnissen und Fertigkeiten nicht länger durch lokale Unterschiede behindert werden konnten. Unter der philosophischen Führung der Taoisten und durch ihr Streben nach einem langen, gesunden Leben, ihre Experimente mit verschiedenen »Bahnen« des Verstandes und ihre fortdauernde Suche nach Wachstum, Entwicklung und Alchemie des Geistes erblühten die Heilkünste aufs neue. All dies wurde möglich durch das Wissen der Taoisten über die in uns existierenden und die aus dem Universum zugeführten Energien.
Die ältesten taoistischen Schriften erschienen etwa 3000 Jahre vor unserer Zeitrechnung. Eine der ersten war »Das Werk des Gelben Kaisers über die Innere Medizin«, das als Nei Ching bekannt ist und in vielen Übersetzungen in englischer, deutscher und französischer Sprache veröffentlicht wurde. Es enthält 81 Kapitel und ist in zwei Hauptgebiete unterteilt, das Su Wen und das Ling Shu. Der erste Teil befaßt sich mit Fragen, die den ganzen Bereich medizinischen Wissens betreffen, während der zweite Teil sich mit den einer medizinischen Behandlung zugrundeliegenden spirituellen Grundsätzen beschäftigt.

Gegenwart und Zukunft

Die von den »Söhnen des reflektierenden Lichtes« nach China gebrachten Heilkünste wurden schließlich als die »Acht Fäden des Brokat« (Pa Chin Hsien) bekannt, und die Chinesen kennen sie auch heute noch, nach Tausenden von Jahren, unter dieser Bezeichnung. Im Westen werden diese Künste zum Wohle derjenigen genutzt, die sich ihrer bedienen möchten. Leidende erhalten bei allen Krankheiten und Gebrechen kostenlose Hilfe in einer Londoner Klinik.

Heute glauben viele junge Chinesen, daß es sich bei den »Acht Fäden des Brokat« lediglich um spezielle Atemübungen handelt, obwohl der Name sich auf die ganzen chinesisch-taoistischen Heilkünste bezieht. Der großen Mehrheit der Leute ist überhaupt nicht bekannt, wieviele dieser Künste es gibt und welchen weiten Bereich sie umfassen. Am bekanntesten und am stärksten spezialisiert ist die Akupunktur (Hsia Chen Pien), die innerhalb und außerhalb Chinas sehr verbreitet ist. Seit der Revolution kam China in den Genuß des Besten zweier Welten, des sehr Alten und des Neuen, und nie zuvor wurde das überlieferte Erbe mit größerer Begeisterung studiert. Zusammen mit der modernen westlichen medizinischen Wissenschaft, die inzwischen auch in China eingeführt wurde, verfügen die Chinesen jetzt über das Beste dreier Welten.

Die »Acht Fäden des Brokat« enthalten acht verschiedene Heilkünste:

1. Ch'ang Ming (taoistische diätetische Gesundheitstherapie für ein langes Leben),
2. Ts'ao Yao (taoistische Kräutertherapie),
3. Wen Chiech'u (Wärmebehandlung),
4. T'ui-Na oder Anmo (taoistische Massage),
5. Hsia Chen Pien (Akupunktur),
6. Tien Chen (Akupressur),
7. T'i Yu (Körperübungen),
8. Ch'ili Nung (der Weg der Okklusion).

Hinzu kommt außerdem noch der Gebrauch der fünf Sinne, die für eine richtige Diagnose genutzt werden. Da dies aber keine spezielle »Heilkunst« ist, wurde es niemals in die Liste aufgenommen. Eine Diagnose zu erstellen, die sowohl den innerlichen als auch den äußerlichen Bereich des Körpers einschließt, wird in unseren Künsten automatisch von Anfang an gelehrt, denn das ist der einzig sichere Weg, die wahre Ursache einer Krankheit herauszufinden, ohne daß deren Symptome die Beurteilung beeinflussen.

Viele Leute würden gern wissen, ob und wie sich die chinesischen Heilkünste auf die westliche Medizin auswirken könnten. Dies bleibt abzuwarten. Wenn die Ärzte jedoch für alles, was sie sehen und hören, aufgeschlossen sind und sich der chinesischen Denkweise anpassen können, werden sie überhaupt keinen Problemen gegenüberstehen.

In China steht jeder Patient und sein Wohlergehen an erster Stelle, denn wir sind alle von einer Rasse (der menschlichen Rasse) und sind daher Brüder und Schwestern, und wenn ein Mensch sterben sollte, wird davon natürlich die ganze Familie berührt. Ist man der Meinung, daß durch eine natürliche Ernährungsweise (Ch'ang Ming) oder Akupunktur (Hsia Chen Pien) schnelle und anhaltende Resultate erzielt werden können, werden die chinesischen Ärzte dieser Behandlung natürlich den Vorzug geben. Die moderne Chirurgie stellt nur einen letzten Ausweg dar, denn die chinesischen Heilkundler wissen, daß einmal durchschnittene Nerven, Blutgefäße und Knochen, obgleich sie mit der Zeit heilen, niemals wieder so werden können wie die Natur sie gemacht hat. Jede Form der Chirurgie wird daher immer nur als allerletzter Ausweg in Erwägung gezogen.

Würde der Westen dieselben Prioritäten übernehmen, könnte der Patient das Beste aus allen Bereichen medizinischer Forschung erhalten, d. h. beides, das Alte und das Neue. Wenn sich die westlichen Ärzte jedoch weiterhin anderen Formen des Heilens verschließen, werden sie sich selbst ernsthaft behindern, indem sie sich auf lediglich zwei Behandlungsmethoden beschränken – auf Medikamente und Chirurgie. Arzneimittel werden von großen pharmazeutischen Unternehmen hergestellt, auf deren Forschungen die Ärzte sich verlassen müssen. Die Chirurgie wird von einer kleinen Gruppe medizinischer Experten ausgeführt. Was bleibt dem modernen Arzt, wenn Sie diese beiden Wege der Behandlung ausschalten? Nichts.

Alle Heilkünste sollten einander ergänzen, denn alle Dinge im Universum befinden sich in Harmonie miteinander. Auch Heilkundige sollten in Harmonie zusammenarbeiten, einander helfen und Rat bei anderen suchen, so daß die ganze Menschheit die Früchte der Erfahrungen und des Wissens ernten kann. Gute Gesundheit ist nicht das

Vorrecht einer einzigen Bevölkerungsschicht, sie sollte allen zur Verfügung stehen.
Der große Reichtum an Wissen und praktischer Erfahrung, der über Jahrtausende aufgebaut wurde, liegt nicht brach, sondern lebt und ist allen Menschen zugänglich. Die westliche Welt, deren medizinische Geschichte weniger als zweihundert Jahre alt ist, täte gut daran, sich etwas mehr für die viele Jahrtausende alten Künste zu interessieren.
Es ist, als ob man das Wachstum einer Ameise mit dem eines Elefanten vergleicht. Ein Kind sollte nicht auf einen Erwachsenen eifersüchtig sein, denn es kann alles lernen, was der Erwachsene gelernt hat, und mehr, vorausgesetzt es hat den Willen, hart und fleißig zu studieren. Der Erwachsene wiederum sollte nicht auf die Unwissenheit eines Kindes herabsehen, denn auch er war einmal ein Kind. Dies ist der Grund dafür, daß die Chinesen immer bereit sind, ihr Wissen weiterzugeben, egal ob an ganz gewöhnliche Menschen oder vollqualifizierte Wissenschaftler. Voraussetzung ist, daß sie den Willen haben, soviel wie möglich zu lernen und gleichzeitig für alles aufgeschlossen zu sein.
Für all die, die jeden Tag ihres Lebens gelitten haben, und für die noch größere Zahl derjenigen, die seit Jahren Qualen durchstehen und jede im Westen bekannte Behandlungsweise, einschließlich jeder erhältlichen Arznei, versucht haben, ist es ratsam, sich von den Chinesen zeigen zu lassen, was diese tun können.
Die Resultate werden Sie überraschen. Sie dürfen jedoch in Ihrem Bemühen um Heilung nie nachlassen, wenn Sie den höchsten Nutzen aus dem Angebot der chinesisch-taoistischen Heilkünste ziehen wollen.

1. Das Tao

Der Taoist braucht weder seinem Wissen vom Wirken des Höchsten Wesens noch den Prinzipien, die alles in der Natur regeln, einen Namen zu geben. Er ist sich darüber im klaren, daß dieses Wirken jeden Tag seines Lebens beeinflußt. So lernt er, sich den unendlichen Gesetzen des Universums, die alles in Vergangenheit, Gegenwart und Zukunft beeinflussen, unterzuordnen.

Die meisten Leute betrachten den Taoisten als Mystiker, nur weil er sich keine Abgötter schafft, um sie zu verehren, keine Bilder an die Wand hängt, um sich an seinen Glauben zu erinnern, und keinen anderen Menschen auf einen Sockel stellt und verehrt. In diesem letzten Punkt glaubt der Taoist, daß sogar der größte aller Menschen nie mehr als ein Weiser oder ein Philosoph sein kann, der seine Einsicht durch Wort und Schrift verbreitet.

Der Taoist hat kein Ritual, keinen Altar und keine kostbaren zeremoniellen Gewänder, denn er lebt jeden Tag seines Lebens mit seinem Schöpfer, und er strebt danach, sein inneres Selbst zu erkennen, so daß er eines Tages würdig sei, anderen dabei behilflich zu sein, den Weg in ihrem Leben zu finden und dabei die wahre Bedeutung des Tao zu verstehen.

Aber, werden Sie fragen, was ist das Tao? Nun, das ist die am einfachsten zu beantwortende Frage; hier ist die Antwort:

So einfach ist das und so leicht. Es ist Nichts innerhalb von Nichts und doch enthält es alles Innere und alles Äußere; es beherrscht alles, was lebt und wächst; es ist die Energie, die allen Dingen Leben schenkt, auch uns; es ist das Schicksal, das alle Ereignisse, die geschehen und sogar die, die nicht geschehen, lenkt. Es ist die Kraft und die Schwäche jedes Elementes; es ist das Gute und das Schlechte, denn in Wirklichkeit gibt es keins von beiden. Es ist das Glück und die Traurigkeit, die unsere Emotionen steuern; es ist das Geistige und das Körperliche; es ist die Einheit in der Zweiheit aller Dinge. Es ist das

Yin und das Yang. Es ist einfach der vorbestimmte Weg jedes einzelnen Menschen, jeder Pflanze, jedes Strauches, jedes Baumes und jedes Tieres, ebenso ist es die Bildung von Wolken, Regen und Schnee, und auch der Sonnenschein – es ist wahrhaftig das Tao von allem und jedem.

Aus diesem Grund kann es keinen Namen dafür geben, ebensowenig eine Definition, denn es ist nicht sichtbar, nur sein Wirken und dessen Ergebnisse sind dem menschlichen Auge erschlossen, vorausgesetzt, daß Sie Ihre Augen jederzeit geöffnet halten und zulassen, daß Ihr Geist verarbeitet, was Ihre Augen sehen. Es ist älter als das Universum und dennoch ist es jünger als etwas, das gerade in diesem Augenblick entsteht. Es befindet sich nicht innerhalb von etwas, dennoch macht der Einfluß oder das lenkende Prinzip des Tao alle Dinge zu dem was sie sind und was sie sein sollen. Es ist nicht das Schicksal, denn auch das wurde vom Tao geschaffen. Es ist nicht die Energie, dennoch sind die unendlichen Gesetze des Tao dahinter und darin enthalten. Es ist, so einfach wie möglich gesagt, der Wille des Höchsten Geistes, oder Gott, wenn Sie diesen Namen benutzen wollen.

Also haben diejenigen, die den Taoismus als mystisch bezeichnen, keine Einsicht und kein Verständnis dafür, wie das Universum funktioniert, ebensowenig wie sie das Gleichgewicht verstehen, das in allen Dingen entsteht und besteht. Sie sind sogar in keiner Hinsicht religiös zu nennen, denn sie verstehen das Wirken ihres eigenen Gottes nicht.

Das Tao kann nicht gekauft, beherrscht, übertragen oder gehört werden, dennoch ist es so deutlich sichtbar wie die Buchstaben auf dieser Seite. Ich hoffe, daß ich Ihnen einige Beispiele geben kann, mit deren Hilfe Sie beginnen können, die Augen zu öffnen, anstatt ein Alltagsleben zu führen, das keinen Sinn hat für das Wirken des Tao (Der Höchste Geist – Yuhuang Tati). Jeder kann die Wahrheit des Tao in sich selbst finden, vorausgesetzt daß er sich dafür öffnet und nicht zuläßt, daß störende Gedanken eindringen oder irgendwelche Emotionen seinen Geist blockieren.

Der erste Schritt ist der, alle Wörter loszuwerden und aufzuhören, alles in verschiedene Kategorien oder in Kästchen einzuordnen. Bezeichnen Sie nicht alles als gut oder schlecht; lernen Sie zu akzeptieren, was vorbestimmt ist, denn so etwas wie einen Glücksfall, eine Glückssträhne oder einen Zufall gibt es nicht; ebensowenig gibt es so etwas wie Pech, einen unglücklichen Zufall oder eine Pechsträhne. Alles ist so vorbestimmt, denn es ist der Wille des Tao; lernen Sie also, es zu akzeptieren als Teil Ihres Lebens und Ihres wahren Schicksals hier auf dieser Erde. Immerhin akzeptieren Sie, daß der Tag auf die Nacht folgt und die Nacht auf den Tag, und Sie springen nicht in die Luft vor Freude über diesen Vorgang; ebensowenig werden Sie hysterisch oder tief betrübt, nur weil Sie Tageslicht brauchen und es zufällig dunkle Nacht ist. Nein, Sie akzeptieren diese tägliche Erscheinung des Universums als völlig normal und natürlich, trotzdem macht und beherrscht das Tao diesen einfachen täglichen Wechsel, und Sie akzeptieren es jeden Tag Ihres Lebens, ohne sich darüber zu wundern oder etwas dabei zu fühlen.

Regen folgt auf Sonnenschein, Sonnenschein folgt auf Regen, und während Sie einen nassen oder windigen Tag verwünschen, vor allem wenn Sie sich für eine besondere Gelegenheit gekleidet haben, stellen Sie die Tatsache, daß es passiert, nicht in Frage; Sie lernen es zu akzeptieren als einen unendlichen Teil der Natur, also haben Sie es auch als Willen des Tao akzeptiert.

Sie pflanzen einen Setzling in den Garten und sehen, wie er sich zu einer prachtvollen Pflanze entwickelt. Dabei haben Sie das Wachsen als etwas völlig normales angesehen, ebenso wie Sie akzeptieren, daß Unkraut um die junge Pflanze herum wächst. So sei es, der Wille des Höchsten Geistes (Tao) hat Ihnen den natürlichen Weg Ihrer Pflanze gezeigt, aber auch das vorbestimmte Schicksal des Unkrauts, das rundherum wuchs, und Sie können die Regeln ihres Wachsens nicht ändern, denn diese sind seit frühester Zeit festgelegt.

Gut, Sie akzeptieren das Wachsen und die natürlichen Bewegungen der Natur und des Universums und die vielen Veränderungen, die dazugehören, aber Sie werden zweifelsohne fragen, wie das Tao in Ihr eigenes Leben eingreift und wie es sie persönlich betrifft.

Das ist leicht zu beantworten. Zuerst ist vorbestimmt, in welcher Zeit Sie geboren werden sollten, und es ist kein Zufall, wenn Sie in Deutschland, Österreich oder der Schweiz geboren sind, denn ebenso hätten Sie in Afrika, China oder Südamerika zur Welt kommen können, wenn das der Wille des Tao gewesen wäre. Als nächstes: Wer werden Ihre Eltern sein, sind sie reich oder arm, werden sie lange leben, so daß Sie sie lange Zeit neben sich haben, oder werden Sie sie früh in Ihrem Leben verlieren, damit Sie eine größere innere Kraft dadurch gewinnen, daß Sie schon früh auf eigenen Beinen stehen müssen? Welche Schule werden Sie besuchen, welchen Beruf werden Sie ausüben – Geistlicher, Schreiner, Pilot oder Geschäftsmann? Lange bevor Sie geboren wurden, sind diese Einzelheiten vom Willen des Tao schon geplant worden.

Wie oft haben Sie sich in der Vergangenheit schon um verschiedene Stellen beworben, nur um herauszufinden, daß sie vergeben waren? Und dann, auf einmal, bekamen Sie eine Stelle, die Sie am wenigsten erwartet hätten, oder für die Sie am wenigsten geeignet schienen. Das war nicht Glück oder Zufall, sondern vorbestimmt, denn es war das Wirken Ihres eigenen Tao.

Waren Sie schon einmal an einem Feiertag an der See und erwarteten, gewiß keinen Parkplatz mehr zu finden, und waren Sie dann überrascht, daß ein freier Platz nur auf Sie zu warten schien? Auch das war bereits für Sie geplant und nicht etwa ein Glücksfall. Beten Sie also und seien Sie dem Höchsten Geist dankbar dafür.

Dies gilt für jeden einzelnen Menschen auf dieser Welt, es geschieht an jedem Tag Ihres Lebens, an jedem Ort, bei allem was Sie tun, Tag und Nacht. Alle Ereignisse haben ihre aufsteigenden guten Seiten (Yang) und weniger gute absteigende Zeiten (Yin). Während der absteigenden Perioden werden Sie größerem Streß ausgesetzt sein, denn so arbeitet der Kreislauf des Lebens. Gewalt, Ärger, Unfälle und schlechte Gedanken werden während dieser Zeitspanne öfter auftreten, und an manchen Tagen werden Sie sich zerschlagen und extrem müde fühlen.

Sie werden während dieser Zeit mit Situationen konfrontiert werden, die Ihre äußerste Kraft erfordern, denn manche Dinge können geschehen, ohne daß es dafür einen ersichtlichen Grund gibt. Hinter allen Ereignissen verbergen sich jedoch tiefere Gründe; obwohl sie für uns noch nicht zu erkennen sind, müssen wir doch lernen sie anzunehmen, denn auch sie sind der Wille des Tao.

Alle diese Dinge sind Prüfsteine für Ihren Geist und bereiten den Weg für eine größere innere Kraft – auch Ihrer seelischen und geistigen Sphären – sowie für Ihre körperliche Entwicklung. Sie werden Ihre verborgenen Schwächen erkennen, wenn Sie sich nur genügend Zeit lassen, und jede Situation in ihrem wahren Licht sehen. In unserer modernen Zeit wenden sehr wenige Leute den Blick nach innen und noch weniger sind in der Lage, alles in ihrem Leben so zu akzeptieren wie es kommt.

Wenn Sie sich also unterkriegen lassen, ärgerlich werden, zutiefst deprimiert sind, Ihre Geduld verlieren, sich in Gewalt flüchten, oder andere für etwas, das sie gesagt oder getan haben, hassen, haben Sie ganz sicher das Ringen um Ihre Selbstbeherrschung verloren und ebenso die Gelegenheit verpaßt, Ihr inneres Selbst zu stärken. Derart werden Sie für Ihre schlechten Gedanken oder Taten gestraft, denn dies ist die automatische Vergeltung (Yin Kuo). Ihnen werden in der Zukunft aber mehr und mehr Prüfungen auferlegt werden, bis Sie bewiesen haben, daß Sie stark genug sind, diese und weitere Hindernisse zu bewältigen, und den Willen haben, alles, was Ihnen auf Ihrem Weg entgegenkommt, mit demselben Lächeln, derselben Einstellung zum Leben anzunehmen, wie Sie gelernt haben, Tag und Nacht, Regen und Sonnenschein, das Wachsen und Vergehen der Pflanzen und die guten Zeiten in Ihrem Leben zu akzeptieren.

Das ist gemeint, wenn es heißt, die Naturgesetze des Universums akzeptieren, denn alles andere, vom Menschen geschaffene ist völlig künstlich und oberflächlich; mit anderen Worten, es geht um den Unterschied zwischen Himmel und Erde. Der Himmel steht für den Willen des Tao und seine Naturgesetze, während die Erde die kommerziellen und unnatürlichen Gesetze, wie sie vom Menschen formuliert wurden, verkörpert.

Einfachheit ist die Grundlage aller Naturgesetze, der Taoist sieht und versteht sie und bemüht sich, in Übereinstimmung mit ihnen zu leben. Die meisten Menschen neigen jedoch dazu, sogar die einfachsten Dinge zu komplizieren, und große Mißverständnisse entstehen durch zuvieles Reden, wenn Worte eigentlich völlig überflüssig sind. Sobald ihnen ein passendes Wort für eine bestimmte Situation oder für einen Artikel fehlt, erfinden sie eines. Gleiches gilt auch für die Regierungen, die immer mehr Gesetze verabschieden und dadurch nicht nur weitere Spannungen und Druck bei den Bürgern hervorrufen, sondern auch die Intoleranz und die Spannungen verstärken, indem sie das Gleichgewicht des normalen und natürlichen Lebens stören.

Indem die Leute also einzelne Punkte komplizierter machen als sie sein sollten, schaffen sie gleichzeitig die Möglichkeit für andere, diese auf ihre eigene Weise zu interpretieren und sie dadurch noch mehr zu komplizieren. Eine jahrtausendealte taoistische Redensart sagt: »Menschen können eine Verbesserung hervorbringen, aber zugleich erschaffen sie damit auch eine neue Unvollkommenheit.« Mit anderen Worten: Menschen glauben, eine Verbesserung zu schaffen, aber in Wirklichkeit gerät sie ihnen automatisch zu einem Defekt. Warum ist das so? Durch den Versuch, eine Verbesserung hervorzubringen, verändert der Mensch das Gleichgewicht zwischen Yin und Yang und wird deshalb immer gleichzeitig den umgekehrten Effekt erzielen. Darum kann man die Naturgesetze des Universums, die vom Tao geschaffen wurden, nicht umstürzen.

Nun werden Sie möglicherweise verstehen, daß es unmöglich ist, das Unbeschreibliche zu beschreiben. Wie könnte es möglich sein, dem Willen des Höchsten Geistes einen Namen zu geben, wenn jeder Gedanke, jede Pflanze, jeder Baum, jeder Vogel, jedes Tier und jeder Mensch seinen eigenen vorbestimmten Lebensweg hat. Zwei Grashalme können völlig gleich aussehen und sich doch voneinander unterscheiden, denn sie haben ebenso ihre eigene Idividualität wie der Mensch und daher auch ihre eigene Lebensspanne.

Die Taoisten Chinas wußten in ihrer Weisheit, daß sie allem, was existiert, keine idividuelle Beschreibung geben konnten. Um das gewaltige Ausmaß dieser Aufgabe und den Willen des Höchsten Geistes zu beschreiben, gaben sie ihm den einfachsten aller Namen – das Tao, das alles erklärt und doch, in seiner typisch chinesischen Art, nichts beschreibt. Sehen Sie es sich von innen an, oder sehen Sie auf seine andere Seite, oder sehen Sie in seine Tiefen und die wahre Bedeutung wird Ihnen schließlich enthüllt werden, dann, und nur dann, werden Sie wissen, daß Sie nicht einmal des Wortes Tao bedürfen, um es zu erfassen, denn, wie ich zuvor schon sagte, es ist wahrhaftig unbeschreiblich. So ist es seit undenkbaren Zeiten, bevor noch das Universum geschaffen wurde, und so wird es sein für den Rest der Ewigkeit.

Am Anfang gab es kein Universum, es gab tatsächlich nichts außer der absoluten Leere und hier residierte der Höchste Geist (Yuhuang Tati). Er bestimmte, daß alles zwei Seiten haben und im Gleichgewicht sein sollte, wie eine Münze. Von den Taoisten wurde dies als Yin und Yang beschrieben. Die alles erschaffende Energie war die Energie des Höchsten Geistes; wir nennen sie makrokosmische Energie (Ching Sheng Li). Es war diese Energie, die als erste die Regeln und die Dualität des Yin und Yang annahm. Aufgrund dieser Dualität wurde das Universum vor über fünf Billionen Jahren geschaffen. Die menschliche Rasse aber ist lediglich fünf Millionen Jahre alt – eine ungeheure Differenz.

Weil der Höchste Geist verlangte, daß alles sich dieser Dualität anpassen sollte, mußte auch das Yin und Yang zwei Seiten haben sowie eine neutrale Zone dazwischen, so daß sich insgesamt fünf komplette Abschnitte ergaben, welche die Taoisten die »Fünf Elemente« (Wu Hsing) nannten und die die Erschaffung des Lebens ermöglichten. Es begann mit der Vegetation, dann kamen die Fische, das tierische Leben und schließlich die menschliche Rasse. So traten wir alle ins Leben und blieben seither auf diesem Planeten.

Wenn der Mensch nicht lernt, in Übereinstimmung mit den grundlegenden Regeln des Yin und Yang und der Fünf Elemente zu leben und den ungeschriebenen Naturgesetzen des Höchsten Geistes zu folgen, wird die menschliche Rasse vergehen und sterben. Der Niedergang hat bereits eingesetzt, und es sterben Jahr für Jahr mehr Menschen, denn Menschen töten Menschen, nicht nur durch Kriege und andere Formen der Gewalt, sondern auch durch das Ignorieren der grundlegenden Gesetze des Tao, die der »Wille des Höchsten Geistes« sind.

2. Yin und Yang

Innerhalb aller Dinge des Universums, einschließlich des menschlichen Körpers, gibt es ebenso ständige Harmonie wie Gegensätze. Dieses Gegen- und Miteinander ist als die beiden Pole der Unendlichkeit bekannt und wird von den Taoisten Chinas als Yin und Yang zeichnet.

Yin symbolisiert das Negative, Eingeschränkte, Kälte, Dunkelheit, dünn und weiblich, während Yang das Gegenteil symbolisiert, d. h. das Positive, Expansion, Hitze, Helligkeit, dick und männlich. Berücksichtigt man jedoch, daß alle Erscheinungen im Universum sich dauernd in Bewegung befinden und sich daher verändern, so befindet auch der Fluß des Universums, obwohl er nicht immer wahrgenommen werden kann, sich doch in einem Zustand beständiger Veränderung. Denken Sie daran, daß nichts völlig bewegungslos ist, noch befindet sich irgendetwas in ständiger schneller Bewegung. Da diese Fluktuationen stattfinden, muß beachtet werden, daß nichts ganz Yin und auch nichts vollständig Yang ist. Alle Erscheinungen sind daher von Natur aus miteinander verbunden.

Yin und Yang sind der Wille des Tao, darum stellen sie die universellen Gesetze von Himmel und Erde dar; sie sind die Herrscher über alle lebende Materie, Mutter und Vater aller Veränderungen, Meister der Zeit und Bewegung und Urheber von Geburt und Tod. Das Nei Ching, bekannt als »Das Werk des Gelben Kaisers über die Innere Medizin«, sagt ganz einfach: »Yin ist aktiv im Inneren und Regulator des Yang, während Yang die dominante Kraft nach außen ist und der Regulator des Yin« – Yin erzeugt und beschützt also Yang, und Yang versorgt und überwacht Yin in höchstem Maße.

Man muß auch wissen, daß alles eine maximale und eine minimale Ebene hat. Sie können z. B. entweder das Yin oder das Yang bis zu seinem höchsten natürlichen Punkt bringen, sobald Sie aber diesen erreicht haben, wird es sich automatisch wieder umkehren. Versuchen Sie einmal die folgenden Beispiele dieser klaren Gesetze in die Tat umzusetzen: Werfen Sie als erstes einen Ball in die Luft und, zweitens, dehnen Sie ein Gummiband immer weiter. Sie sehen, was passiert. Sie werden erkennen, daß Yin ab einem gewissen Punkt zu

Yang wird und Yang zu Yin – nur unter anderen Voraussetzungen selbstverständlich.
Sie können von der Mitte eines Raumes nach außen gehen, aber Sie werden nur bis zu den Wänden kommen, dann müssen Sie umkehren, wenn Sie in Bewegung bleiben wollen. Genau das gleiche geschieht in der Natur. Das ist nur eine weitere, komplexe Situation, die zeigt, daß Yang niemals ausschließlich Yang ist, denn an einem bestimmten Punkt oder zu einer bestimmten Zeit wird es Yin werden – und umgekehrt. Diese normale Reaktion gilt ganz natürlich auch für die Gesundheit des menschlichen Körpers.
Yang-Krankheiten können durch eine Yin-Behandlung geheilt und Yin-Beschwerden durch Yang-Einflüsse überwunden werden. Für letzteres ist Krebs ein gutes Beispiel. Krebs wird durch den extremen Einfluß des Yin hervorgerufen. Um den Leidenden wieder in einen gesunden Zustand zu versetzen, müssen Sie erreichen, daß der Krebs seine Richtung wechselt. Indem Sie Verhältnisse schaffen, innerlich und äußerlich, die ihn zu Yang werden lassen, kann er leicht überwunden werden, vorausgesetzt es bleibt noch genügend Zeit.
Nichts ist ausschließlich Yin oder Yang, denn beide befinden sich in stetem Wechsel. Keines kann für sich allein existieren, da ihr ganzes Dasein von ihrer Beziehung zueinander abhängt. Sehen Sie sich z. B. eine ganz gewöhnliche Tasse an, sie ist Yang, ihr Inneres jedoch ist Yin. Nehmen Sie nun die äußere Schale weg, d. h. den Yang-Teil, was bleibt dann noch übrig? Nichts. Füllen Sie nun das Innere der Tasse mit Ton, wobei Sie die Leere im Inneren zu Yang machen, was haben Sie jetzt noch? Keine Tasse. Denn eine Tasse (Yang) ist nur eine Tasse, wenn sie im Inneren eine Leere (Yin) hat.
Wie bereits erwähnt, hängen beide völlig voneinander ab, und es ist daher erforderlich, sie zu harmonisieren, doch stehen sie sich als Gegensätze in dauerndem Konflikt gegenüber. Es bedarf daher nur einer ganz leichten Störung des Gleichgewichtes, wie bei dem Antippen einer Waagschale, damit beide verschiedene Richtungen gehen. Eine ausgeglichene Harmonie zwischen beiden bedeutet stabile Gesundheit, aber selbst die leichteste Verlagerung in die eine oder andere Richtung könnte Krankheit zur Folge haben.
Hinsichtlich Gesundheit und taoistischer Medizin übt das Wechselspiel von Yin und Yang einen Einfluß auf die zwei Energien aus, d. h. auf die »makrokosmische Energie« (Ching Sheng Li), welche die Energie des Universums ist, und die »innere Energie« (Neichung

Ch'i), welche die Energie im Inneren des Körpers ist. Beide haben großen Einfluß auf die Gesundheit jedes Menschen. Sie sind daher die Grundlagen chinesischer Diagnose und Pathologie.
Makrokosmische Energie (Ching Sheng Li) ist Yang, wenn sie mit der inneren Energie (Neichung Ch'i) verglichen wird, die in diesem Vergleich als Yin gesehen wird. Ihrem Wesen nach zeigen beide jedoch die Balance von Yin und Yang. Li ist die Energie des »Höchsten Geistes«, der sie aus der Leere entließ und die durch den Willen des Tao das ganze Universum geformt hat.
Diese Energie kam ursprünglich aus der Leere in das Universum und erschuf Ordnung im damals bestehenden Chaos. So entstanden die Planetensysteme, und so wurde die Erde geformt, auf der wir leben. Die Leere, der Ort des »Höchsten Geistes«, ist Yin, und die Expansion der Li-Energie ist daher Yang. Dieses Gleichgewicht besteht immer noch und hält jeden Planeten an seinem Platz. Die Energie ist in ununterbrochenem Fluß und durchströmt ständig auch unsere Erde. Wenn Li-Energie in die Erdatmosphäre kommt, fließt sie durch alle Yang-Dinge, bevor sie in den Erdboden eindringt. Sobald das größte Fassungsvermögen der Erde erreicht ist, kehrt sie wieder zum Himmel (wenn Sie es so nennen wollen) zurück, von wo sie kam, und ist jetzt Yin. Auf ihrem Weg nach oben wird sie alle Yin-Dinge durchfließen. Die Yang-Richtung des Li-Energieflusses sieht etwa so aus:

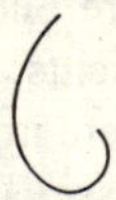

Selbstverständlich wird sie schwächer, je weiter sie sich vom Himmel fortbewegt. Da der männliche Geist Yang ist, wird die Li-Energie natürlich auch durch den männlichen Körper fließen. Sie läuft die Wirbelsäule herab und tritt durch den Unterleib wieder aus. Diese Kreisbewegung ist zentripetal, wie oben abgebildet. Dann setzt sie ihre Reise fort, indem sie in den Erdboden eindringt. Natürlich fließt sie auch durch andere Yang-Dinge wie Yang-Vögel und -Tiere und ebenfalls durch Yang-Vegetation wie beispielsweise Holz.
Umgekehrt durchströmt sie auf ihrem Weg zurück zum »Himmel« alle Yin-Dinge in einer zentrifugalen Bewegung. Da der weibliche Geist Yin ist, durchfließt sie auch alle Frauen, an der Wirbelsäule hoch und durch den Kopf hinaus. Die Taoisten stellten die Richtung dieses Fließens wie folgt dar:

Als die Taoisten diese beiden Zeichen miteinander vereinten, ergaben sie das bekannte Yin- und Yang-Symbol, das jeder mit China in Verbindung bringt:

Wie wir nun wissen, stellt dieses Symbol die Richtung des Flusses der Li-Energie in Männern und Frauen sowie in allen Yang- und Yin-Objekten dar und repräsentiert so Einheit und Gegensätzlichkeit, Monismus und Dualismus, aller Dinge auf dieser Erde.

Die Innere Energie (Neichung Ch'i) ist allgemein bekannt als »Lebenskraft« (Sheng Ch'i) und bezieht sich auf Ihre eigene persönliche Energie, denn nur Sie können sie pflegen, entwickeln und kontrollieren. Während die Li-Energie durch das Zellgewebe und die Knochen fließt, kreist die Ch'i-Energie auf den Bahnen der Meridiane, den Energiekanälen, durch den Körper. Li ist für das Leben des Geistes unbedingt erforderlich, Ch'i für das Stützsystem des Lebens im Inneren des menschlichen Körpers. Beide treten in völlig verschiedener Weise in Erscheinung.

Die Innere Energie ist die natürliche Energie des menschlichen Körpers, mit der wir alle geboren werden. Es ist diese natürliche Kraftreserve, die Sie in die Lage versetzt, Ihre tägliche Arbeit zu verrichten, und es ist diese Energie, die all Ihren Organen, Muskeln und Blutgefäßen Leben gibt. Sie hilft auch bei der Revitalisierung der verschiedenen funktionalen, kontrollierenden und psychischen Zentren im Inneren des Körpers, so daß diese nicht nur geschmeidiger und flexibler, sondern auch empfänglicher und dadurch erheblich leistungsfähiger werden.

Die Innere Energie hilft auch bei der Abwehr von Bakterien, die in den menschlichen Körper eindringen. Wenn Sie sich niemals erkälten, ist dies ein wahres und positives Zeichen für die Gesundheit Ihres Körpers. Wenn Sie jedoch jedes Jahr unter Erklärungen leiden, sind Sie mit Sicherheit eine kranke Person, denn wenn Sie wirklich gesund wären, könnten Sie sich nicht erkälten, weil die Kraft und die Gesundheit Ihrer Inneren Energie die Bakterien ganz natürlich abtötet. Die Taoisten Chinas haben eine Redewendung: »Wenn Sie sich auch nur einmal im Leben erkälten, sind Sie körperlich krank, und wenn Sie auch nur einmal im Leben Ihre Selbstbeherrschung verlieren, sind Sie geistig krank.«

Wenn Sie wirklich gesund sind, sind Sie automatisch fit, wenn Sie aber fit sind, muß das nicht immer bedeuten, daß Sie gesund sind. Auch Athleten können sich erkälten. Gute Gesundheit bedeutet also, daß alle natürlichen Vorgänge Ihres Körpers sowie die Kraft Ihrer Inneren Energie sich im Gleichgewicht miteinander und in vollständiger Harmonie befinden und daß dieser Zustand stets beibehalten wird, wenngleich feine Fluktuationen und Veränderungen im Inneren des gesamten Organismus immer stattfinden. Sollte es zu einem Ungleichgewicht kommen, ist es verständlich, daß ein organischer Verfall oder Funktionsstörungen auftreten, und zwar schlicht wegen Energiemangels bzw. einer Schwächung der Energie, die stark genug hätte sein müssen, ein perfektes Gleichgewicht zwischen allen beteiligten Faktoren aufrechtzuerhalten.

Jede Störung einer ausgewogenen Balance im Inneren des menschlichen Körpers führt, wenn sie nicht wieder ausgeglichen wird, zu einer Verkürzung der normalen Lebensspanne. Solch ein Ungleichgewicht kann so fein sein, daß es niemals als äußerliches Symptom in Erscheinung tritt, und kann unentdeckt über Jahre weiterbestehen und vielleicht niemals bekannt werden. In anderen Fällen, wenn die Störungen sehr drastisch sind, können die sichtbaren Anzeichen sehr qualvoll sein, nicht nur für den Betroffenen, sondern auch für die ganze Familie.

Hier hat die chinesisch-taoistische Kunst der Pulsdiagnose (Chen Mo) ihren Wert millionenfach bewiesen, denn nichts im menschlichen Körper, weder innerlich noch äußerlich, kann ihr verborgen bleiben, und die Ursache einer Störung wird immer bekannt werden, ungeachtet der Symptome bzw. des Mangels an Symptomen. Sie kann nicht nur Aussagen über die Gesundheit des Körpers als Ganzes treffen, sondern auch über die Geschichte und den augenblicklichen Zustand eines jeden Organs.

Bevor wir uns der Pulsdiagnose zuwenden, lassen Sie uns einen Blick auf die Fünf Elemente (Wu Hsing) werfen, die mit Yin und Yang sehr eng verbunden sind.

3. Die Fünf Elemente

Wir wissen jetzt, daß Yin und Yang innerhalb aller Dinge des Universums in einem subtilen Gleichgewicht sind, und auch, daß sie sich ganz natürlich, in wechselndem Grad und Ausmaß, entsprechend der jeweiligen »Form« manifestieren.
Nachdem sie ihre Beobachtungen in bezug auf diese beiden voll bestätigt fanden, erkannten die Weisen Chinas, daß sogar Yin und Yang selbst eine ähnliche Dualität aufwiesen, d. h. ein Ausbalancieren der sich vollziehenden Veränderungen, denn jedes konnte vom niedrigsten zum höchsten Punkt aufsteigen oder von der höchsten zur niedrigsten Ebene hinabfliesen.
Sie können das am Wachstum einer Pflanze beobachten, die aus einem Saatkorn keimt, bis zur Reife wächst, auf ihrem Höhepunkt blüht und ihre Schönheit zeigt, bevor sie Saat trägt. Dann folgt das Stadium des Niedergangs, und die Pflanze verliert ihre Blätter, bis sie selbst zu Boden fällt und schließlich abstirbt, wobei sie der Saat als Schutz und Düngemittel dient. Während der kalten Wintermonate ruht die Pflanze, bis im Frühjahr der Zyklus von Wachsen und Vergehen wieder beginnt.
In der richtigen Einschätzung, daß dieser Zyklus auch auf alle Dinge im Kosmos zutrifft, gewannen die Taoisten die Einsicht, daß dieser Einfluß auch sie selbst betraf und in engem Zusammenhang mit den im Inneren von Yin und Yang stattfindenden Fluktuationen steht. Sie entschieden sich daher, das Schema jedes der beiden in zwei zu teilen, so daß sich das Yin und das Yang eines jeden Teiles ergab, und zusätzlich eine neutrale Zone zwischen diesen einzurichten, sobald sie das Stadium des Wechsels von einem zum anderen erreicht hatten. So entstanden die fünf Stufen des Wechsels bzw. der zyklischen Veränderungen. Da diese fünf der Natur Leben gaben, und die Natur wiederum in der Lage war, den Weisen diese konstanten Unterscheidungsmerkmale bewußt zu machen, verliehen die Taoisten ihnen schließlich die Namen der fünf fundamentalen Elemente in der Natur.
Diese Elemente sind Feuer, Holz, Erde, Metall und Wasser. Sie alle können sich in ihrer Arbeit ergänzen oder bekämpfen und somit ihren

eigenen Verfall bewirken. Abbildung 1 zeigt, wie sie miteinander harmonieren. Jedes Element macht Platz für das nächste; Holz ist Nahrung für das Feuer, wird dann zu Asche und somit selbstverständlich Teil der Erde, aus der Erde kommt das Metall, Metall ist in geschmolzenem Zustand dem Wasser ähnlich, und Wasser ist Nahrung für den Baum, der uns Holz gibt und somit den Zyklus vervollständigt.

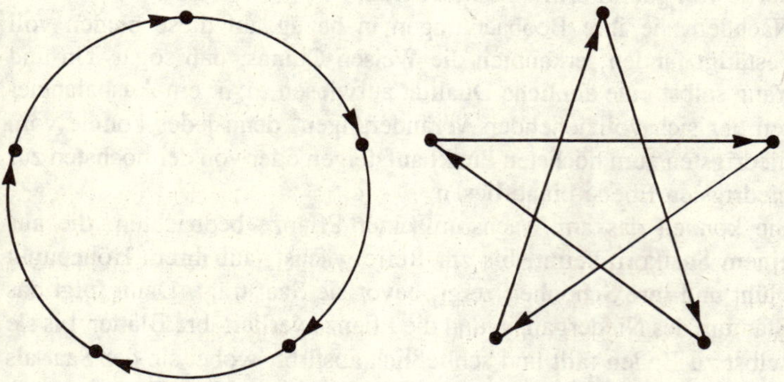

Abb. 1: Die Harmonie der Fünf Elemente

Da es jedoch eine Balance der Dualität im Inneren aller Dinge des Universums gibt, können dieselben Elemente auch gegensätzlich sein. Zum Beispiel kann Metall das Holz zerhacken, Holz kann der Erde Kraft entziehen, Erde kann Wasser aufsaugen oder dämmen, Wasser löscht Feuer aus, und Feuer schmilzt Metall. Jedes kann sich also wiederum auf die Kraft des anderen auswirken oder sie sogar zerstören, abhängig von der jeweils gegebenen Situation und dem Relativitätsgesetz, die darüber entscheiden, ob die minimale oder die maximale Ebene diesem Zustand angemessen ist. (Siehe Abb. 2, Seite 31.)
Aus diesen fundamentalen Elementen, wie die alten Chinesen sie bezeichnet haben, erwuchs das Pflanzenleben, das Tierleben und dann die menschliche Rasse. Alle Formen sind also miteinander verwandt, obwohl die Menschen nur langsam eingestehen mochten, daß sie mit den Tieren verwandt sind.

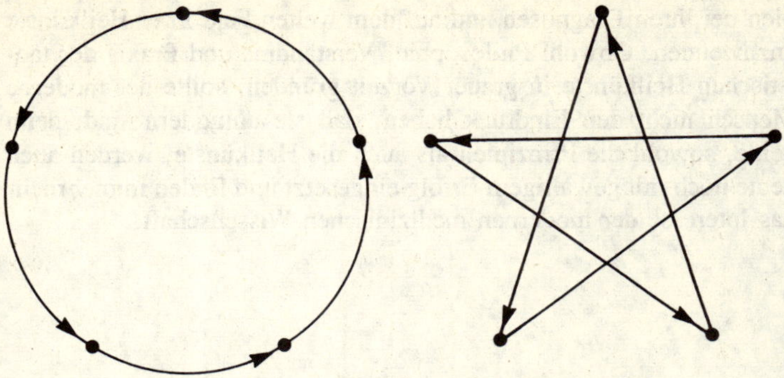

Abb. 2: Die Opposition der Fünf Elemente

Die Fünf Elemente beziehen sich auf alles im Universum. Hieraus entstanden Fünfergruppen wie die fünf Richtungen, die fünf Farben, die fünf sichtbaren Planeten sowie die fünf Yin-Organe und die fünf Yang-Organe des menschlichen Körpers. Diese Organe stehen mit den Fünf Elementen wie folgt in Zusammenhang.

Elemente	*Yang-Organe*	*Yin-Organe*
Feuer	Dünndarm	Herz
Holz	Gallenblase	Leber
Erde	Magen	Milz/Pankreas
Metall	Dickdarm	Lunge
Wasser	Harnblase	Nieren

Man brachte die Funktion der Yang-Organe in Verbindung mit bestimmten Einflüssen von außerhalb des Körpers, während die Yin-Organe hauptsächlich innere Wirksamkeit und inneren Wert hatten. Es muß also festgehalten werden, wie eng die Fünf Elemente mit den Prinzipien des Yin und Yang verknüpft sind.

Aus diesem Grund muß die Menschheit erkennen, daß jeder in dieser Welt sehr eng mit der Natur verbunden und als organischer Bestandteil des Universums die Erfüllung des Tao ist und immer sein wird.

Weil Menschheit und Natur so eng miteinander verbunden sind, war es für die alten Taoisten völlig selbstverständlich anzunehmen, daß sich beide gegenseitig beeinflussen, in entweder harmonischer oder disharmonischer Weise. Also begannen sie damit, dieselben Prinzipien bei ihren Diagnosen und auf dem weiten Feld ihrer Heilkünste anzuwenden. Obwohl Philosophie, Verständnis und Praxis der taoistischen Heilkünste in grauer Vorzeit gründen, sollte der moderne Mensch nicht den Eindruck haben, daß sie unmodern sind; denn beide, sowohl die Prinzipien als auch die Heilkünste, werden auch heute noch mit gewaltigem Erfolg eingesetzt und finden immer mehr das Interesse der modernen medizinischen Wissenschaft.

4. Traditionelle Diagnose

Die Fünf Elemente

Da die Fünf Elemente mit dem Yin und Yang verbunden sind, und diese wiederum vom Tao beeinflußt werden, ist es verständlich, daß das Heilen von Krankheiten ebenfalls an die Fünf Elemente gebunden ist. Diese Heilverfahren sind:

Feuer	Geistige Behandlung
Holz	Ch'ang Ming-Ernährung
Erde	Kräutertherapie
Metall	Akupunktur
Wasser	Wärmebehandlung

Die geistige Behandlung

Die geistige Behandlung entsteht aus einer Änderung der Eß- und Trinkgewohnheiten, damit Sie der Natur und dadurch Ihrem eigenen Tao und dem Höchsten Geist näher sind. Zusätzlich werden Sie dadurch einsichtsvoller und verständnisvoller und bewußter für das Wirken des Höchsten Geistes, und Sie lernen, sich den seit unendlichen Zeiten gültigen Gesetzen anzupassen. Das bedeutet, daß Sie Ihr Leben Ihren Mitmenschen widmen, um ihnen auf ihrem Lebensweg beizustehen und daß Sie versuchen, Einsichten zu wecken. Es heißt auch, daß Sie beten und »Danke« sagen sollen für alles, was Ihnen gegeben wird; die Speisen, die Sie essen; die Kleidung, die Sie tragen; für Ihr Auto; und dafür, daß Sie immer sicher die Straße überqueren können oder einen Parkplatz finden. Es ist keine Glückssache, daß Sie jeden Abend sicher nach Hause kommen, sondern ein Geschenk des Höchsten Geistes. Sagen Sie also hundertmal am Tag »Danke« für all die Wohltaten, die Sie erhalten.

Ch'ang Ming – Ernährung

Ch'ang Ming ist die taoistische Ernährungstherapie und kann die Mehrzahl aller Krankheiten heilen. Sich nach ihr zu richten heißt, eine gute, vollwertige und natürliche Nahrung einzunehmen, die so sorg-

fältig ausgewogen ist, daß Krankheiten geheilt werden und ein schlechter Gesundheitszustand der Vergangenheit angehört. Denken Sie daran, eines der einfachsten Anzeichen für einen allgemein schlechten Gesundheitszustand ist die Erkältung. Wenn Sie sich einmal im Jahr erkälten, sind Sie in wirklichen Schwierigkeiten, für die Sie nur sich selbst verantwortlich machen können, denn Sie haben die Ursache für das Symptom geschaffen.
Ihre Speisen und Getränke müssen den universellen Gesetzen und dem sehr subtilen Gleichgewicht von Yin und Yang entsprechen.

Kräutertherapie

Kräutertherapie ist seit langem Teil der chinesischen Medizingeschichte, wie in jedem anderen Land der Welt auch. Aber die Chinesen haben die Bemühungen anderer Nationen auf diesem besonderen Gebiet weit übertroffen. Mit über 30000 registrierten Kräutern haben sie ein Mittel für jede mögliche Krankheit gefunden und, der traditionellen Einteilung entsprechend, je nach ihrer Yin- oder Yang-Tendenz geordnet.
Moderne traditionelle Kräutertherapeuten haben jede dieser beiden Hauptgruppen nochmals in drei Untergruppen aufgeteilt und als pflanzlich, tierisch oder mineralisch gekennzeichnet. Selbstverständlich macht der pflanzliche Bereich die größte dieser drei Gruppen aus.

Akupunktur

Akupunktur wird in China seit Tausenden von Jahren praktiziert und ist ganz einfach das Einführen einer Nadel an einem besonderen oder mehreren Punkten entlang der Energiebahnen, allgemein als Meridiane bekannt. Hierdurch wird die auf den einzelnen Meridianen, welche ihrerseits wieder einem bestimmten Organ zugeordnet sind, entlangfließende Lebensenergie entweder angeregt oder beruhigt.
Es gibt über neun verschiedene, in Durchmesser und Länge unterschiedliche Nadeln. Am Anfang wurden allgemein Steinnadeln verwendet und erst sehr viel später benutzte man Kupfer- und Eisennadeln.

Wärmebehandlung

Wärmebehandlung ist eine weitere alte Kunst Chinas. Sie wirkt dadurch, daß eine innere Yin-Krankheit durch äußere Yang-Kraft – Wärmeanwendung – behandelt wird. Diese Yang-Wärme hat zwei

Hauptbehandlungsziele: entweder zieht sie die Yin-Ursache durch Reizung an die Oberfläche, oder sie dringt in den Körper ein und überwältigt oder zerstört das Yin in seinem eigenen Zentrum. Die besten Resultate erzielt man, indem man Wärme auf die Akupunkturpunkte aufbringt. Früher wurde die Haut tatsächlich verbrannt, und viele ältere Chinesen haben heute noch Narben, die sie an ihre frühere Behandlung erinnern. Heute wird die Haut jedoch nur durchwärmt, Verbrennungen sind nicht erforderlich. Es gibt jedoch entlang der Meridianbahnen gewisse Punkte, die für eine Wärmebehandlung strikt verboten sind, obwohl Akupunktur dort angewendet werden kann.

Diagnose

Es ist wichtig zu wissen, wie man eine Heilung bewirkt, aber viel wesentlicher ist es, die Ursache zu erkennen. Traditionelle chinesische Ärzte zeigen auf diesem Gebiet hervorragende Leistungen, indem sie die »Fünf Methoden der Untersuchung« (Wun Chen Ch'a) anwenden:

1. Gebrauchen Sie den Mund, um Fragen zu stellen.
2. Gebrauchen Sie die Augen, um Symptome zu erkennen und Hinweise auf mögliche Ursachen zu erhalten.
3. Gebrauchen Sie den Tastsinn, um Schwellungen zu befühlen, Muskelreaktionen durch leichten Druck auszulösen oder auch zur Pulsdiagnose (Chen No).
4. Gebrauchen Sie das Gehör, um eine Veränderung der Stimme festzustellen sowie um die Lunge oder den Bauchbereich abzuhorchen.
5. Gebrauchen Sie die Nase, um die aus den verschiedenen Körperregionen, z. B. dem Mund, den Sexualorganen, dem Anus, den Achselhöhlen usw., ausströmenden Gerüche wahrzunehmen.

Das Befragen

Fragen zu stellen scheint eine ganz gewöhnliche Angelegenheit zu sein, es ist jedoch eine sehr verantwortungsvolle Aufgabe und nicht leicht, wenn Sie es mit schüchternen Patienten zu tun haben. Um die Beschwerden des Patienten richtig zu verstehen, ist es erforderlich, etwas über ihre Entwicklungsgeschichte zu erfahren, wie lange er sie schon hat, seine Eß- und Trinkgewohnheiten, irgendwelche begleitenden Schmerzen und wie lange sie andauern, ob sie zu einer bestimmten Tageszeit auftreten usw. Manchmal ist es auch wichtig zu wissen, in welchem Teil der Welt die Patienten geboren wurden, welche Eßgewohnheiten die Eltern hatten, ob es erbliche Veranlagungen in der Familie gibt und, wenn ja, wie lange sie zeitlich zurückreichen.

Ebenfalls ist es notwendig, etwas über mehr persönliche Dinge zu erfahren, wie die Farbe oder den Geruch des Urins, den Stuhlgang, Regelmäßigkeit der Periode und die Art der Schmerzen, die manchmal damit verbunden sind, Schwierigkeiten beim Geschlechtsverkehr, sowie wunde Stellen in oder um andere Körperöffnungen. Für diese Art Fragen ist natürlich sehr viel Feingefühl erforderlich.

Natürlich gibt es weitere Schwierigkeiten, wenn Kinder, geistig Behinderte, Taube oder Stumme zu befragen sind. Sie alle werden Schwierigkeiten haben, ihre eigene Krankheit zu erklären, die Art der Schmerzen und wie lange sie sie schon haben. Sich an vergangene Symptome zu erinnern, ist für Kinder und geistig Behinderte fast eine Unmöglichkeit. Es wird daher nötig sein, soviele Informationen wie möglich von Verwandten und engen Freunden zu erhalten. Wenn Sie einen Bewußtlosen untersuchen wollen, müssen Sie sich selbstverständlich völlig auf die Hintergrundinformationen anderer verlassen.

Aus allen diesen Informationen können Sie die Krankengeschichte des Patienten zusammenstellen, und Sie erhalten ferner Hinweise auf seine Eß- und Trinkgewohnheiten, die einen sehr großen Einfluß auf die Gesundheit haben können. Wie Sie sehen, kommt dem Befragen eine sehr wichtige Rolle bei der Erstellung einer Diagnose zu.

Gebrauch der Augen

Auch die visuelle Beobachtung ist sehr wichtig, denn sie kann äußerst aufschlußreiche Daten liefern sowohl über den gegenwärtigen Gesundheitszustand eines Menschen als auch über Probleme, die erst in Zukunft auftreten könnten. In vielen Fällen ist darüberhinaus zu erkennen, ob sich die Krankheit schon seit längerem entwickelt hat. Oft sieht man vielleicht den Beginn einer Erkrankung oder ein akutes Leiden, obwohl der Betroffene an keinerlei äußeren Symptomen wie Schmerzen, Ausschlag, Erbrechen oder Kälte- bzw. Hitzewellen leidet. Es ist sogar durchaus möglich, daß der Patient selbst nicht

einmal weiß, daß er krank ist. Dann läßt sich die eventuelle Ursache einer Krankheit bekämpfen, bevor ihre Symptome auftreten.
In der westlichen Welt sind sich viele nicht darüber im klaren, wie wichtig die visuelle Diagnose ist, ermöglicht sie es doch dem in der taoistischen Tradition stehenden Arzt, bestimmte Körperteile seines Patienten zu untersuchen, ohne daß dieser sich dessen bewußt ist oder gar Notiz nimmt von der Feststellung und Bewertung von Krankheitsanzeichen und -ursache durch den Arzt.
Wegen der Bedeutung dieser Diagnose werden in Kapitel 5 ausführlich die Merkmale beschrieben, anhand derer sich eine Diagnose durch Beobachtung (Kuanch'a Chentuan) vornehmen läßt, die den vom Tao geschaffenen natürlichen Gesetzen von Yin und Yang folgt. In Kapitel 6 wird anschließend, geordnet nach einigen der häufigsten Beschwerden und Krankheiten, aufgeführt, welche Symptome im einzelnen den Schluß auf diese oder jene Krankheit nahelegen.

Gebrauch des Tastsinns

Diagnose durch Tasten und Berühren ist die wichtigste von allen. Das »Fühlen des Pulses« (K'anmai oder Chenmai) ist eine Kunst, die jeder chinesische Arzt als erstes lernt, denn sie läßt sich nur durch die Ausbildung eines sehr feinen und empfindsamen Tastsinns erlangen. Die nötige Erfahrung hat man erst nach einer sehr langen Zeit konstanten Übens. Man sagt, daß diese Kunst beinahe bis ins Jahr 3000 vor Christus zurückreicht, und sie ist heute noch genauso wichtig wie damals, da sich mit ihrer Hilfe sofort jede Unregelmäßigkeit in einem der zwölf Organe des Körpers erkennen läßt.
Moderne westliche Ärzte legen eine Fingerspitze auf die Radialarterie und zählen das rhythmische Pulsieren der Herzschläge. Die chinesischen Ärzte legen drei Finger auf die Radialarterie und stellen durch leichten Druck fest, in welchem Zustand sich drei der Yang-Organe befinden. Durch einen tieferen und festeren Druck können sie den Gesundheitszustand dreier Yin-Organe richtig einschätzen. Indem sie die Pulsschläge des anderen Handgelenkes in gleicher Weise fühlen, erhalten sie Informationen über weitere sechs Organe:

Linke Radialarterie	*Leichter Druck*	*Tiefer Druck*
Zeigefinger	Dünndarm	Herz
Mittelfinger	Gallenblase	Leber
Ringfinger	Harnblase	Nieren

Rechte Radialarterie	*Leichter Druck*	*Tiefer Druck*
Zeigefinger	Dickdarm	Lungen
Mittelfinger	Magen	Milz
Ringfinger	Dreifacher Erwärmer	Meister des Herzens

Durch das Fühlen der Pulse ist es möglich, das Niveau an innerer Energie (Ch'i) festzustellen, und es gibt eine breite Palette verschiedener Fluktuationen, die entlang der mit den oben genannten Organen verbundenen Energiebahnen oder Meridianen verlaufen. Der traditionelle Arzt wird dann die betroffenen Organe entweder beruhigen oder anregen.

Zusätzlich zu den zwölf erwähnten Pulsen gibt es viele weitere Stellen auf dem Körper, wo der Puls gemessen werden kann, z. B. an den Armen, im Nacken, an Kopf und Beinen, wo die Arterien ziemlich dicht unter der Hautoberfläche liegen.

Der Tastsinn wird auch gebraucht, um Stärke oder Schwäche, Wärme oder Kälte, Spannung oder Weichheit in den verschiedenen Teilen des Körpers zu fühlen, um Schwellungen oder Knoten auf oder unter der Haut festzustellen und um sich auf sanfte Art ein Bild von Knochenbrüchen machen zu können. Somit ist also das weite Gebiet der Diagnose durch Berührung außerordentlich wichtig für das volle Verständnis des menschlichen Körpers. Tausende von Jahren praktischer Erfahrung in China haben den Wert dieser Diagnose immer wieder bewiesen und die westlichen Ärzte sind verblüfft von ihrer Genauigkeit.

Gebrauch des Gehörs

Der nächste bei der Diagnose verwendete Sinn ist das Gehör, mit dem sich Veränderungen in der Stimme feststellen lassen, d. h. die Tonlage der Stimme, ob sie hoch oder tief ist, sanft oder rauh. Man kann heraushören, ob die Luft glatt in die Lunge eintritt oder ob Atemschwierigkeiten vorliegen. Ebenso kann man die verschiedenen inneren Aktivitäten des Körpers in Form von Knarren, Klicken oder Rumoren in der Blase und dem Verdauungstrakt hören.

Gebrauch der Nase

Schließlich kann man den Geruchssinn gebrauchen, um eine Diagnose zu bestätigen, denn der Geruch, der vom Körper eines Menschen durch Mund oder Achselhöhle oder von seinem Urin oder

Stuhlgang ausströmt, kann Hinweise darauf geben, welcher Teil des Körpers Probleme verursacht, und wird auch bei der Klassifizierung von Krankheiten helfen.

Die »Acht Klassifikationen«

Zusätzlich zu diesen Untersuchungsmethoden wurden und werden die traditionellen chinesischen Ärzte in den »Acht Klassifikationen« (Pan Fen Lei) unterrichtet, die eng mit dem Yin und Yang verwandt sind:

1. Yin
2. Yang
3. Innen
4. Außen
5. Kalt
6. Warm
7. Reduzierte Funktion
8. Gesteigerte Aktivität

Aus dem umfassenden Verständnis von Bedeutung und Tiefe jeder einzelnen Klassifikation, verbunden mit allen fünf Methoden der Untersuchung und Diagnose, gelangten die traditionellen chinesischen Ärzte zu einer definitiven Schlußfolgerung, die alle auf den verschiedenen Wegen gewonnenen Erkenntnisse zusammenfaßte. Dann, und nur dann, wurde eine angemessene Behandlungsmethode empfohlen.

5. Kuanch'a Chentuan – Diagnose durch Beobachtung

Alles im Universum entstand in Übereinstimmung mit dem Tao und entspricht den Prinzipien von Yin und Yang. Das schwierige Gleichgewicht zwischen diesen beiden äußert sich in deutlich sichtbaren Merkmalen, die in dieser oder jener Form den Körper eines jeden Menschen prägen – selbst dann noch, wenn man versucht, sie mit Make-up zu verbergen.

Kein Make-up dieser Welt kann die Anzeichen schlechter Gesundheit auslöschen, die sich in der Gesichtsfarbe, als Pickel, Falten und Narben zeigen. Vieles, das im Westen als Merkmal großer Schönheit gilt, signalisiert in Wahrheit extreme Yin-Tendenzen und somit einen schlechten Allgemeinzustand. Ein hoher schmaler Wuchs, dicke Lippen, dünne Augenbrauen, lange aufgebogene Wimpern, eine verfärbte Augenpartie, eine lange schmale Nase, ein langes hageres Gesicht und schwingende Hüften sind beispielsweise alles Yin-Charakteristika.

Jeder hat natürlich schon im Mutterleib einige elterliche Merkmale mitbekommen, einschließlich der einen oder anderen Stärke oder Schwäche. Manche davon zeigen sich bald nach der Geburt, andere bleiben verborgen und treten erst viel später auf, nachdem sie sich langsam und über Jahre entwickelt haben. Der Körper drückt jede Stärke und jede Schwäche nach außen hin aus, so daß sich an ihm die ganze Lebensgeschichte eines Menschen ablesen läßt. Jeder, der unsere Künste versteht, kann diese äußeren Zeichen mit Leichtigkeit lesen. Nicht nur kann man die eigenen Schwächen erkennen und die biologischen Veränderungen begreifen, die sich in unserem Körper ununterbrochen vollziehen, sondern – mit einiger Erfahrung – auch anderen helfen, indem man sie schon frühzeitig vor latenten Krankheiten warnt, derer sie sich selbst noch gar nicht bewußt sind.

Alle Krankheiten sind Menschenwerk. Während eine körperliche Schwäche durch vieles verschlimmert werden kann, ist allein der Mensch verantwortlich für seine eigene Krankheitsanfälligkeit, denn er hat die Ursachen dafür erst selbst geschaffen. Wer diese Wahrheit

für sich akzeptiert, kann beginnen, gemäß den universellen Gesetzen der Natur zu leben.
Nun, da Sie wissen, daß Sie selbst Ihre Krankheiten verursachen, sollten Sie jedoch nicht zu hart sich selbst gegenüber sein. Sie haben ja bislang nichts gewußt von den einfachen Gesetzen der Natur und dem komplizierten Wirken des Universums. Wie konnten Sie wissen, daß Sie sogar vor einer gewöhnlichen Erkältung gefeit gewesen wären, wenn Sie bereits früher Ihre Eß- und Trinkgewohnheiten geändert hätten?
Diagnose durch Beobachtung mag sich anhören, als müsse man ein qualifizierter Wissenschaftler sein, um sie durchführen zu können. Sie werden jedoch feststellen, daß sie ganz einfach anzuwenden ist. Sie brauchen nur genau hinzuschauen und verstehen, was Ihre Augen sehen.

Sind Sie ein Yin-Typ?

Hautfarben

Weiß: Diese Farbe kennzeichnet Haut- und Haarkrankheiten. Sie deutet ebenfalls darauf hin, daß die betreffende Person an Blutarmut leiden könnte.
Eine bleiche, weiße Haut und Pickel im Gesicht und auf dem Körper sind bei Menschen der westlichen Welt häufig zu beobachten. Die Ursache liegt im Überkonsum von Milchprodukten.
Eine blasse, durchsichtige oder glänzende Haut deutet auf einen schlechten Zustand der Lungen hin. Die Haut fühlt sich kalt an, die Person fröstelt leicht und reagiert sehr empfindlich auf Witterungseinflüsse, besonders auf feuchtes und kaltes Wetter.
All die verschiedenen Schattierungen weißer Haut sind Yin, aber die Menschen mit einer blassen oder bleichen Haut sind extrem Yin, da dies ebenso ein Zeichen für Tuberkulose oder Lepra sein kann oder ein Hinweis darauf, daß diese Menschen vielleicht an Allergien der Atmungswege, wie z. B. Nasennebenhöhlenentzündung, Heufieber und Asthma leiden können.

Grau: Dies ist eine weitere, im Westen häufig vorkommende Farbe. Sie zeigt eine Verhärtung in der Leber an, und das ist ein Yin-Leiden. Personen mit dieser Hautfarbe werden sehr schnell ärgerlich, neigen zu plötzlichen Wutausbrüchen, können andererseits aber auch unter Phasen tiefer Depression leiden und unerwartet in Tränen ausbrechen.

Schwarz: Gemeint ist hier eine Farbe zwischen dunkelbraun und schwarz. Sie weist auf Schwierigkeiten mit den Nieren (Yin) sowie auf eine Speicherung von Abbauprodukten im Blut hin. Dazu kommt es, wenn die Nieren überlastet und unfähig sind, das Blut richtig zu filtern. Die Toxine suchen einen Ausgang und kommen so langsam an die Oberfläche der Haut, wo sie eine Verfärbung verursachen bzw. sich in Form von dunkelbraunen oder schwarzen Leberflecken zeigen, die im Westen als »Schönheitsflecke« bekannt sind. Diese Flecken sind hauptsächlich auf Getränke und Speisen mit einer sehr starken Yin-Tendenz zurückzuführen, z. B. eiskalte Getränke (vor allem synthetische und fertig gekaufte) und gefrorene Nahrung, und ebenso auf Drogen und starke Medikamente. Manchmal ist die Konzentration an einem bestimmten Punkt so groß, daß Muttermale entstehen. All das zeigt einen Überkonsum an Fleisch und Fleischprodukten an. Jemand mit Leberflecken neigt dazu, besorgt und ängstlich zu sein.

Gelb: Gelb und eine leichte orange Farbtönung sind ein sicheres Zeichen für Schwierigkeiten in der Milz, der Bauchspeicheldrüse und der Leber. Die Farbe kann ebenso im Weiß des Auges auftreten und wird dann mit Gelbsucht in Verbindung gebracht. Die Bauchspeicheldrüse reguliert als eines der wichtigsten Organe den Blutzuckerspiegel. Daher führt verständlicherweise ein Überkonsum an Süßigkeit und Zucker zu Störungen in diesem Organ.

Rot: Rot ist normalerweise eine Yang-Farbe. Manchmal tritt sie am ganzen Körper auf, manchmal nur an bestimmten Punkten. Erröten fällt jedoch nicht in diese Kategorie, denn das ist eine völlig natürliche Erscheinung. Das Zahnfleisch sollte normalerweise blaßrot sein, denn rot ist ein Zeichen dafür, daß sich die Kapillaren ausgedehnt haben, was auf einen Yin-Zustrom hindeutet, meist hervorgerufen durch Drogen und Medikamente.

Wenn die Haut rote Flecken hat, sehr trocken ist und sich abschält oder juckt, hauptsächlich nachts, kann das von einer Gelbsucht oder Allergien herrühren, und es ist ratsam, stark gewürzte Speisen, tierische Nahrung und Alkohol zu meiden.

Werden Teile des Gesichtes bei kaltem Wetter rot, so drückt sich darin

ein zu schwacher Kreislauf aus und entweder eine Bluttrágheit oder ein Übermaß an Blut. Es ist ratsam, jedwedes Fleisch von Ihrem Speisezettel zu streichen.
Das »Nei Ching« erklärt, daß, wenn jemand erkrankt und einen Fieberanfall bekommt, der Teil des Gesichtes, der sich rot gefärbt hat, anzeigt, welches Organ betroffen ist und welche Behandlung angebracht erscheint:

1. Eine rote Gesichtsfarbe weist auf das Herz hin.
2. Eine rote Nase zeigt eine Erkrankung der Milz an.
3. Rot auf der linken Seite des Kiefers weist auf eine Erkrankung der Leber hin.
4. Rot auf der rechten Seite des Kiefers kündigt eine Erkrankung der Lungen an.
5. Ein rotes Kinn weist auf eine Schwäche in den Nieren hin.

In all diesen Fällen zeigt sich ein starker Yin-Einfluß, und Kopfschmerzen, starkes Schwitzen und sogar Erbrechen können auftreten.
Bekommt man jeden Nachmittag rosige Wangen, begleitet von feuchten Händen und Füßen, eventuell auch starkem Schwitzen bei Nacht, einem trockenen Mund und einer roten Zunge, können das Anzeichen für eine Tuberkulose sein.
Die rosige Haut eines Neugeborenen oder Kleinkindes ist dagegen ein gutes Zeichen, da es eine Yang-Phase durchläuft, wenn es zu wachsen anfängt. Die rosige Farbe ist also ein Zeichen guter Gesundheit und völlig natürlich.

Blaßrot: Blaßrote Haut ist normalerweise ein gesundes Zeichen und weist auf eine stabile Gesundheit hin.

Blau: Eine blaue und purpurne Farbe, besonders in den Venen und Kapillaren, die durch das Gewebe der Haut scheinen, ist ein Yin-Zeichen und bedeutet, daß das Blut zu viele Toxine enthält. Der Grund hierfür liegt meistens in einem Überkonsum an Zucker, kalten und synthetischen Getränken, Eiscreme und tropischen Früchten. Jeder, der die zuvor beschriebenen Anzeichen aufweist, sollte sich strikt nach dem Ch'ang Ming-Weg ernähren und dadurch die Ursachen ausschalten.
Wenn die Gesichtsfarbe ein dunkles Purpur annimmt, das sich beson-

ders auffallend auf der Nase zeigt, bedeutet das hohen Blutdruck und ein vergrößertes Herz. Sieht auch die Zunge purpurn aus, ist das ein Zeichen für eine vergrößerte Leber oder Milz und ein inneres Blutgerinnsel. Sofortige Gegenmaßnahmen sind hier dringend angebracht.

Grün: Grün ist eine degenerierte Farbe und tritt leider immer häufiger im Westen auf, sie ist sehr Yin und bezeichnend für Krebs. Zeigt sie sich auf der linken Gesichtshälfte, ist es ein Leberkrebs, tritt sie rechts auf, ist es ein Lungenkrebs.

Glänzend: Dies kann auch als durchsichtiges Aussehen beschrieben werden und weist hin auf Tuberkulose, Lepra und verschiedene Hautleiden.

Hautbeschaffenheit

Rauh: Viele Leute finden ihre Haut zu rauh. Dies ist allein auf übermäßiges Essen stark gebratener Nahrung und tierischer Fette zurückzuführen.

Trocken: Trockene Haut weist auf zu viele Toxine im Körper hin, die die natürlichen Öle beeinträchtigen, und ist ein Zeichen für Kontraktion, einen Yin-Zustand.

Schwitzen: Wenn nach einer starken körperlichen Belastung zu starker Schweiß im Gesicht und auf dem Körper auftritt, zeigt sich daran, daß zu viel Flüssigkeit im Körper ist, was zu einer Überbelastung der Nieren führen kann.
Schweiß in Achselhöhlen und Händen ohne vorherige körperliche Anstrengung bedeutet Komplikationen in den Lungen.

Haare

Farbe: Weißes und graues Haar ist Yin, verursacht durch zu viel Fleisch und Milchprodukte, die zu einem Übermaß an Fett im Kreislauf geführt haben.

Gespaltenes und gekräuseltes Haar: Beides ist ein Yin-Zeichen, und weist auf zu viele Toxine im Körper hin, besonders durch ein

Übermaß an Früchten, Zucker und synthetischen Getränken verursacht. Dieselben Symptome können auch eine eventuelle Schwächung in den Sexualorganen, d. h. in den Ovarien und Hoden, anzeigen.

Haarausfall: Dies ist ebenso ein Yin-Zeichen und weist auf ein Übermaß von Flüssigkeit, Früchten und Zucker hin. Reduziert man die Einnahme solcher Nahrungsmittel während einer Diät, so läßt sich damit dem Haarausfall begegnen.

Schuppen: Sie entstehen durch zu viele Fleisch- und Milchprodukte und durch zu viel Essen überhaupt, das ein Übermaß an Proteinen zur Folge hat.

Körperhaar: Wenn ein Erwachsener feines, silbriges Haar vor allem entlang der Energiebahnen hat, weist das auf zu viel Milchprodukte hin. Wenn zu viel Körperhaar von normaler Farbe an einer bestimmten Stelle wächst, sehen Sie sich diese Stelle genau an. Zuviel Haarwuchs auf der Brust bedeutet Herz- und Lungenprobleme, im Bereich der Nieren deutet er auf eine Überlastung der Nieren hin.

Gesicht

Form: Ein Yin-Gesicht ist länglich, läuft spitz auf das Kinn zu und hat eine breite Stirn. Es ähnelt in etwa einem umgekehrten Dreieck.

Falten: Bei einer Yin-Person laufen die Gesichtsfalten senkrecht und werden hervorgerufen durch die äußere bzw. makrokosmische Energie (Li), die zurück zum Himmel fließt und sich, da das Gewebe der Haut eines solchen Menschen sehr schwach ist, aufgrund der Kontraktion als Linien zeigt.
Senkrechte Falten auf der Stirn zeigen eine Tendenz, sich zu überessen, sowie den Überkonsum von Fleisch an. Senkrechte Linien zwischen den Augenbrauen weisen auf eine schlechte Leber und ein starkes Temperament hin. Seien Sie daher vorsichtig, falls Sie auf der Suche nach dem Partner fürs Leben sind, denn jemand mit solchen Linien könnte Ihnen schwere Zeiten bescheren.

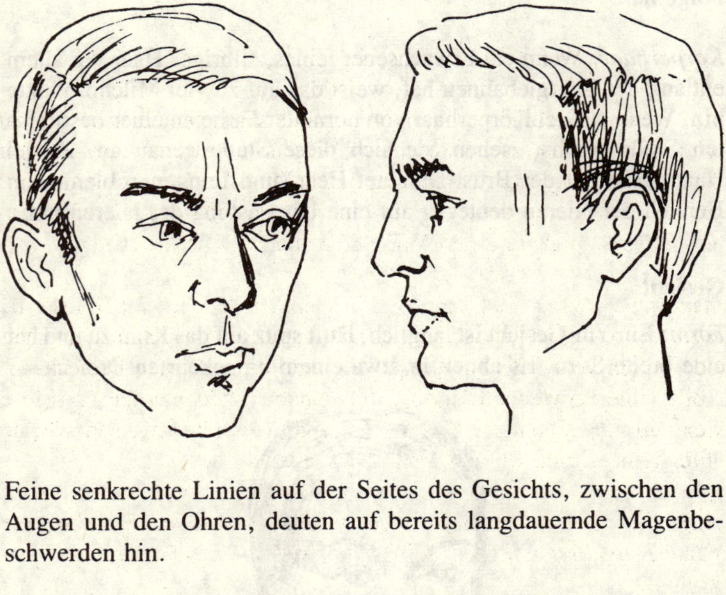

Feine senkrechte Linien auf der Seites des Gesichts, zwischen den Augen und den Ohren, deuten auf bereits langdauernde Magenbeschwerden hin.

Pickel: Pickel auf der Stirn zeigen ein zuviel an Schalentieren oder Fleisch an. Pickel auf den Wangen zu viel Milchprodukte und Hühnerfleisch. Pickel im Bereich des Mundes und des Unterkiefers bedeuten zu viel Fleisch oder Lachs. Allein die Tatsache, daß Pickel erscheinen, zeigt, daß der Organismus überlastet ist und daß der Körper durch diese Form der Absonderung versucht, die Ballaststoffe loszuwerden.

Schwarze und dunkelbraune Pickel sind ein Zeichen der Absonderung von überflüssigen Stoffen. Pickel mit einem weißen Kopf weisen auf zu viele Toxine im Organismus hin oder auf zu viel Milchprodukte oder Zucker. Rote Pickel bedeuten zu viel Fleisch oder manchmal auch eine Blutstockung. Alle Pickel haben also ihre eigene Ursache, und es ist sehr wichtig, sie zu beachten.

Augenbrauen: Dünne Augenbrauen sind Yin und meistens auf zu viele Süßigkeiten zurückzuführen. Zeigen die Augenbrauen an den Enden nach oben zur Schläfe hin, haben Sie über eine sehr lange Zeit zu viel Fleisch gegessen. Dies ist ein sicheres Zeichen für Schäden im Organismus und für einen Mangel an innerer Energie (Chi).

Wimpern: Wenn sie lang sind, ist das ein Yin-Zeichen, dasselbe gilt, wenn sie aufwärts gebogen sind. Andererseits zeigt sich in zu kurzen oder kaum vorhandenen Wimpern ein zuviel an tierischer Nahrung. Sollte eine Schwangere diese Zeichen haben, bedeutet das, daß ihre Sexualorgane ebenfalls Yin sind und daß sie unbedingt zum Wohle ihres Kindes eine Ch'ang Ming-Diät leben sollte.

Augenlider: Sie werden in zwei Größen unterteilt, das doppelte (Yang) und das einfache (Yin), welches im Westen häufiger vorkommt.
Blinzeln ist eine natürliche Gewohnheit, die zwar niemand mehr besonders beachtet, aber Auskunft gibt über die Gesundheit des Körpers. Je weniger Sie blinzeln, je besser ist Ihre Gesundheit; ein gesunder Mensch sollte nur drei- bis viermal in der Minute blinzeln. Kaum zu blinzeln ist ein Zeichen seelischer Stärke und der Verbundenheit mit dem Tao. Starkes Blinzeln heißt, daß der Körper versucht, unter allen Umständen einen starken Yin-Einfluß loszuwerden.

Geschwollene Lider bedeuten zu viel Flüssigkeit. Bleiben die Lider geschwollen, nachdem man die Flüssigkeitsaufnahme reduziert hat, kann das auf Gallenblasensteine hinweisen.

Augen

Große Augen: Große runde Augen signalisieren zu viel Yin-Nahrung und eine Anfälligkeit für Erkältungen, Grippe und möglicherweise Tuberkulose, sowie eine überhaupt sehr zarte Gesundheit.

Nach außen stehende Augen: Die Iris sollte beim gesunden Auge im Zentrum liegen. Nach außen stehende Augen sind ein starkes Yin-Zeichen und bedeuten zu viele Toxine im Blut.

Stehen die Augen nach unten, so daß das Weiße oberhalb und seitlich der Iris zu sehen ist, bedeutet das ein starkes Yin-Zeichen. Solche Personen haben einen sehr unbeständigen Charakter, tendieren dazu, zu streiten und zu schimpfen, und verlieren schnell die Geduld. Sie neigen zu Gewalt und Grausamkeit.

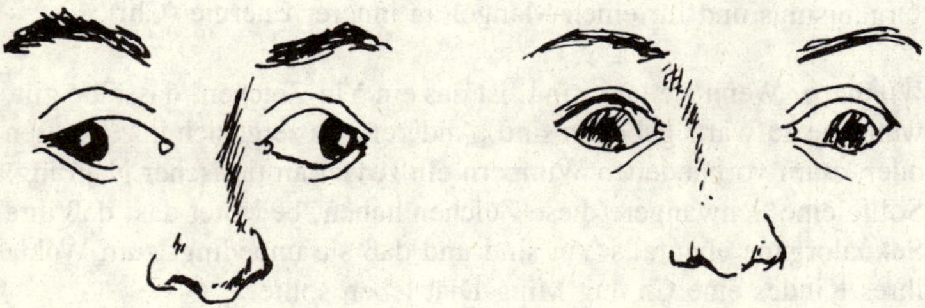

Kurzsichtigkeit: Sie entsteht durch Schwellung und Vergrößerung des Augapfels und wird verursacht durch eine seit langem bestehende Yin-Ernährung.

Schielen: Dies ist ein anderes Yin-Symptom und entsteht durch Muskel-Kontraktion, die wiederum Spannung schafft. Auch hier liegt die Ursache in übermäßig viel Yin-Nahrung.

Umherwandernde Augen: Die Augen stehen niemals still, sie blicken dauernd in die eine oder andere Richtung und scheinen sich auf nichts konzentrieren zu können. Dieser Zustand wird durch eine nervöse Spannung (Yin) verursacht, die vom Kreislauf-Sexus-Meridian ausgeht und unweigerlich von einem unregelmäßigen Herzschlag begleitet wird.

Farben des Augapfels: Wenn das Weiße des Augapfels gelb ist, bedeutet das Gelbsucht; ist es überall rot, signalisiert das eine schwache Leber; eine Grau- oder Blaufärbung bedeutet, daß der Betreffende sein Augenlicht verlieren kann, falls die Symptome ignoriert werden.
Eine Kontraktion der Pupille und purpurfarbene Augäpfel weisen auf eine verminderte Lichtbrechung und eingeschränkte Sicht, mit der Möglichkeit der Farbenblindheit, hin.
Wenn nahe der Iris auf einem weißen Augapfel Punkte auftauchen, werden bestimmte körperliche Störungen angezeigt. Gelbe und rote Punkte zeigen eine Blutstauung an, schwarze Punkte weisen auf Nierenprobleme hin, grüne bedeuten Karzinom und braune verraten Steine oder Zysten.

Unter den Augen: Schwammige Augensäcke deuten auf zu viel Flüssigkeit und eine Überlastung der Nieren hin. Eine harte Schwellung unter den Augen bei bleicher Gesichtsfarbe ist ein sicheres Zeichen von Nierensteinen.
Eine purpurne oder tiefblaue Farbe, die vom inneren Augenwinkel nach unten und um das Auge herum verläuft, zeigt eine Blutstockung an. Je intensiver die Farbe, je stärker die Stauung.
Ist der Rand des unteren Augenlides weiß, handelt es sich um Blutarmut. Ist er rot, liegt eine Entzündung vor, verursacht von einer Infektion, die nun bis nach außen vorgedrungen ist.
Sollte ein Jucken auf der Innenseite des Unterlides mit dem Gefühl, Sand im Auge zu haben, einhergehen, sehen Sie sich das Augenlid gut an. Falls Sie dort feine Pickel, auch »Körnchen« genannt, verbunden mit wäßrigen Augen und einer verschwommenen Sicht vorfinden, handelt es sich um ein Trachom, d. h. eine langwierig verlaufende Virusinfektion des Auges mit Ausbildung einer Bindehautentzündung. Die Chinesen nennen dies »pfeffrige Entzündungen« (Chiao Ts'ang). Sie sind einem Überkonsum an Milchprodukten, Früchten und Zucker zuzuschreiben.

Augenschleim: Dies ist die Sekretion aus den Augenwinkeln. Bei einer Überproduktion können die Lider zusammenkleben. Im gesunden Körper sollte die Absonderung durchsichtig sein. Eine gelbliche Farbe bedeutet zu viel Milchprodukte, eine weißliche Farbe zu viele Toxine im Körper und zu viele tierische Fette. Bei Frauen ist zu starke Augensektretion meistens verbunden mit dickflüssigem Scheidenausfluß, der dieselben Färbungen hat wie das Augensekret.

Nase

Eine lange, dünne Nase ist Yin und signalisiert zu viel Yin-Nahrung bzw. Drogen und Medikamente. Schmale Nasenflügel bedeuten eine schwache Lunge; Größe und Beschaffenheit der Nasenspitze lassen Rückschlüsse auf das Herz zu. Eine knollige Nasenspitze bedeutet

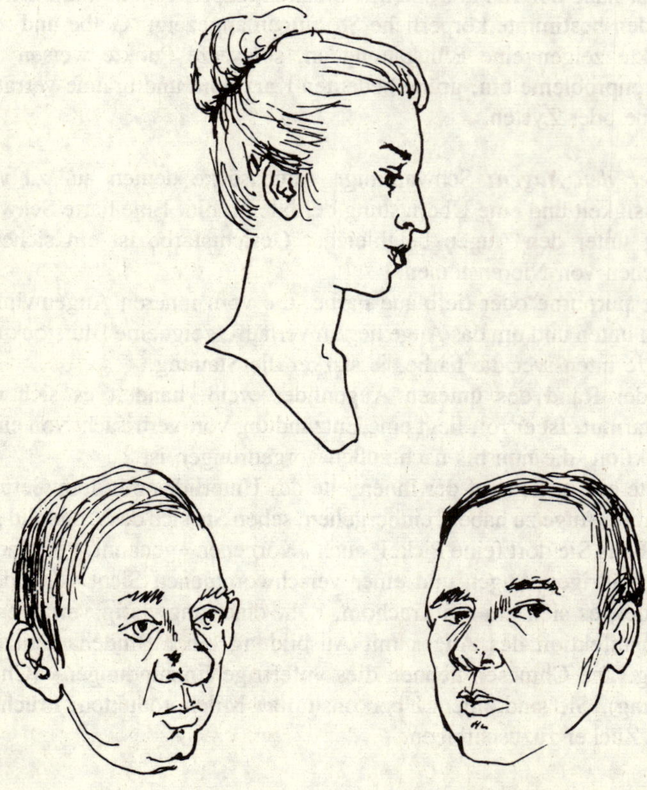

eine Vergrößerung des Herzens, hervorgerufen durch zu viel Milchprodukte, tierische Fette, Obst und Alkohol.
Eine rote, knollige Nase weist auf einen zu starken Druck in den Kapillaren hin, die durch ein geschwächtes Hautgewebe scheinen, oft auch verbunden mit Bluthochdruck, der, falls er nicht ausgeglichen wird, zu ernsthafteren Schwierigkeiten mit dem Herz führen kann. Überläßt man ihn zu lange sich selbst, kann sich als genaues Gegenteil zu niedriger Blutdruck entwickeln, dessen Heilung sehr langwierig ist.
Eine Spalte oder senkrechte Linie in der Nasenspitze zeigt, daß die beiden Herzkammern nicht harmonisieren, und zwar entweder durch Vergrößerung oder Verkleinerung einer Herzkammer, wodurch der Herzschlag unregelmäßig wird. Ursache kann eine Vererbung durch Yin-Eltern oder schlechte Eß- und Trinkgewohnheiten sein.
Plötzlich ohne ersichtlichen Grund auftretendes Nasenbluten zeigt, daß das Hautgewebe zu dünn und zu schwach ist, und daß entweder zu dickes oder zu viel Blut vorhanden ist. Verursacht wird dies durch zu viel Flüssigkeit, Früchte, Fruchtgetränke und Zucker oder zu viel Protein.

Mund

Der Mund gibt Auskunft über Magen und Darm. Ein großer Mund z. B. weist auf eine Schwellung im Magen hin und also auf eine Schwächung des Verdauungssystems.

Lippen: Dünne Lippen zeigen, daß es sich um eine Yin-Persönlichkeit handelt. Wenn eine Lippe größer ist als die andere, ist das ebenso Yin, da beide Lippen gleichgroß sein sollten. Es ist ein starkes Yin-Zeichen, wenn jemand mit dünnen Lippen sie auch noch ständig zusammenpreßt. Eine geschwollene Oberlippe bedeutet eine Schwächung des Magens, während eine geschwollene Unterlippe Schwierigkeiten des Darms anzeigt.
Trockene Lippen weisen auf zu viele Toxine im Körper hin. Eine rissige Lippe bedeutet mit Sicherheit Schwierigkeiten entweder mit dem Magen (Oberlippe) oder dem Darm (Unterlippe). Zeigen sich tiefe Sprünge auf den Lippen, sollten Sie rasch etwas unternehmen, denn dann handelt es sich um akute Probleme.
Gesunde Lippen sind blaßrot. Dunklere Lippen zeigen zu viel Yin-Nahrung an. Dunkelrote Lippen bei jemandem mit einem roten

Gesicht sind ein sicheres Zeichen für zu viel Hitze in den Lungen, worin sich wiederum Fieber, innere Entzündungen, Kopfschmerzen und Verstopfung äußern können. Menschen mit blassen Lippen neigen zu Blutarmut, blasse Lippen sind aber auch ein Hinweis auf Scharlach.
Eine Zyste auf den Lippen zeigt eine Zyste, ein Geschwür oder einen Tumor im Magen (Oberlippe), dem Dickdarm (Unterlippe) oder dem Zwölffingerdarm (Mundwinkel) an. In diesen Fällen jedoch ist das Leiden schon vor dem Auftreten der Zyste augenfällig.

Zähne: Wenn der Körper wirklich gesund ist, haben alle Zähne eine normale Größe und eine einheitliche Form und werden niemals von Karies befallen. Vorstehende Zähne sind ebenso Yin wie weit auseinanderstehende Zähne. In China sagt man, daß jemand mit solchen Zähnen sehr unbeständig ist.
Es gibt nur zwei Möglichkeiten, schlechte Zähne zu bekommen, entweder durch schlechtes Blut oder schlechten Speichel. Schlechtes Blut ist die Folge von zu viel Fleisch und Fleischprodukten, Zucker und Obst oder zu vielen Drogen und Medikamenten. Ist der Speichel die Ursache, könnte das zurückzuführen sein auf zuviel Essig oder synthetische Getränke.

Zahnfleisch: Gesundes Zahnfleisch ist blaßrot; rot signalisiert eine Blutstockung und weiß bedeutet Blutarmut. Für gelbliches Zahnfleisch gibt es viele mögliche Ursachen, meist handelt es sich jedoch um Gelbsucht.
Weiches, schwammiges Zahnfleisch zeigt deutlich, daß über einen langen Zeitraum zu viel Flüssigkeit konsumiert wurde und sich zu viele Toxine im Körper befinden. Reduzieren Sie also Ihre Flüssigkeitsaufnahme und meiden Sie tierische Fette, Zucker, Obst und synthetische Getränke.

Zunge: Dieses Buch ist nicht umfangreich genug, um jede einzelne Krankheit oder Beschwerde zu erläutern, über die die Zunge Auskunft geben kann, besonders wenn Sie bedenken, daß sie in einer Wechselbeziehung mit den vier Hauptorganen des Körpers steht. Der Zustand der Zunge ist bei der Diagnose also von größter Wichtigkeit. In China bringen wir die Zunge wie folgt mit den Organen in Verbindung:

Die Spitze der Zunge ist das Auge des Herzens.
Die beiden Seiten der Zunge sind die Augen der Leber.
Die Wurzel der Zunge ist das Auge der Nieren.
Die Mitte der Zunge ist das Auge des Magens.

Benützen Sie also dieses diagnostische Medium gemeinsam mit den weiteren diagnostischen Verfahren, so können Sie die Ursache einer Krankheit jederzeit herausfinden.
Eine rote Zunge weist auf Herzbeschwerden hin, dasselbe gilt, wenn ein Riß oder eine Rille von der Spitze der Zunge zu ihrem Zentrum verläuft. Ein trockener Mund, Rachen oder Lippen bei rotgefärbter Zungenspitze weisen auf Schwierigkeiten in der Lunge und eine eventuelle Bronchitis hin.
Rote Zungenseiten weisen auf Probleme in der Leber hin, eine rote Zungenwurzel und -mitte bedeuten Schwierigkeiten mit den Nieren oder dem Magen. Eine glatte, glänzende Zunge kann diesen Befund zusätzlich bestätigen.
Zittert die Zunge bei geöffnetem Mund, so äußert sich darin eine starke Spannung des Nervensystems.
Eine purpurne Zunge bedeutet eine Blutstockung und eine deshalb eventuell vergrößerte Leber und möglicherweise auch Milz. Es besteht die Gefahr von Leberabszessen und Hepatitis.
Gelblicher Belag auf der Zunge ist ein starkes Krankheitszeichen, da gelb auf zu viele Toxine und Säuren im Organismus hinweist.
Schwärzliche Zungenstellen deuten möglicherweise auf Krebs hin.

Sputum: Sputum ist ein sehr wichtiges diagnostisches Mittel, da sich nahezu jede Beschwerde in der Speichelbeschaffenheit niederschlägt:

Bronchialasthma – weißes, schäumendes Sputum.
Tuberkulose – dickes, gelbliches Sputum.
Keuchhusten – weißes, glattes Sputum.
Lungenentzündung – rostfarbenes Sputum.
Mandelentzündung – weißes Sputum.
Lungenabszeß – eitriges Sputum.
Herzleiden – blaßrotes Sputum.

Jegliche Verfärbung des Sputums ist ein Hinweis auf eine Krankheit, da normales Sputum farblos und nur in sehr kleinen Mengen vorhanden sein sollte. Zuviel Flüssigkeit im Körper geht meist auch mit zuviel Sputum einher.

Ohren
Die Ohren zeigen die Balance in der Körperzirkulation und den Zustand der Nieren an. Nach oben zugespitzte oder abstehende Ohren, kleine Ohren und Ohren ohne Ohrläppchen sind Anzeichen für einen Yin-Einfluß und einen Überkonsum an Fleisch und tierischen Fetten. Diesen Einfluß spiegeln auch Charakter und persönliche Emotionen wider.
Rote Ohren können z. B. ein Indiz sein für eine Niereninfektion, eine Blutstockung oder beides, hervorgerufen durch zu viel Fleisch und Salz.
Ohrenprobleme treten immer häufiger auf, und auch Fälle von völliger Taubheit nehmen zu, hauptsächlich als Folge falscher Ernährungsgewohnheiten. Um den Zustand Ihrer Ohren zu testen, stecken Sie abwechselnd einen Finger in jedes Ohr und sehen nach, ob die Fingerspitzen feucht sind. Wenn ja, dann ist Ihre Hörfähigkeit bereits um 20 bis 30 Prozent geschädigt.
Das dickliche Ohrenschmalz ist ein schlechtes Zeichen und kann nicht einfach durch Säubern behoben werden, denn es wird immer wieder auftreten, wenn keine Gegenmaßnahmen ergriffen werden. Eines Tages können Sie dadurch völlig taub werden, da sich dies Schmalz immer weiter verdichtet und die drei Gehörknöchelchen blockiert, so daß der Hörnerv nicht mehr schwingen kann. Zur Vorbeugung sollten Sie zuviel Fleisch, Zucker, Obst sowie Eiscreme, Drogen und Medikamente meiden.

Hände
Legen Sie Ihre Hand flach auf den Tisch und heben Sie dann die Finger an. Es sollte jetzt mindestens ein Abstand von fünf Zentimetern zwischen Fingerspitzen und Tisch sein. Legen Sie nun die Hand wieder fest auf den Tisch und heben Sie mit der anderen Hand die Finger an. Der Abstand sollte jetzt mindestens 7 bis 10 Zentimeter betragen. Zum Schluß, die Hand weiterhin fest auf dem Tisch, heben Sie den Ellbogen senkrecht hoch, so daß ein rechter Winkel im Handgelenk entsteht. Sollten Sie die Übung nicht ohne Schmerzen ausführen können, weist das auf verhärtete Arterien hin, hervorgerufen durch zu viel Cholesterin. Viele Menschen glauben, daß steife Gelenke – ein Yin-Symptom – eine Alterserscheinung sind, doch das ist die verkehrte Einstellung. Niemand, nicht einmal die sehr, sehr Alten, sollte verhärtete Arterien haben, denn sie sind die Lebenslinien

des Körpers. Cholesterin entsteht durch zu viel Fleisch, tierische Fette, Milchprodukte, Nußbutter und zu stark gebratene Nahrung.

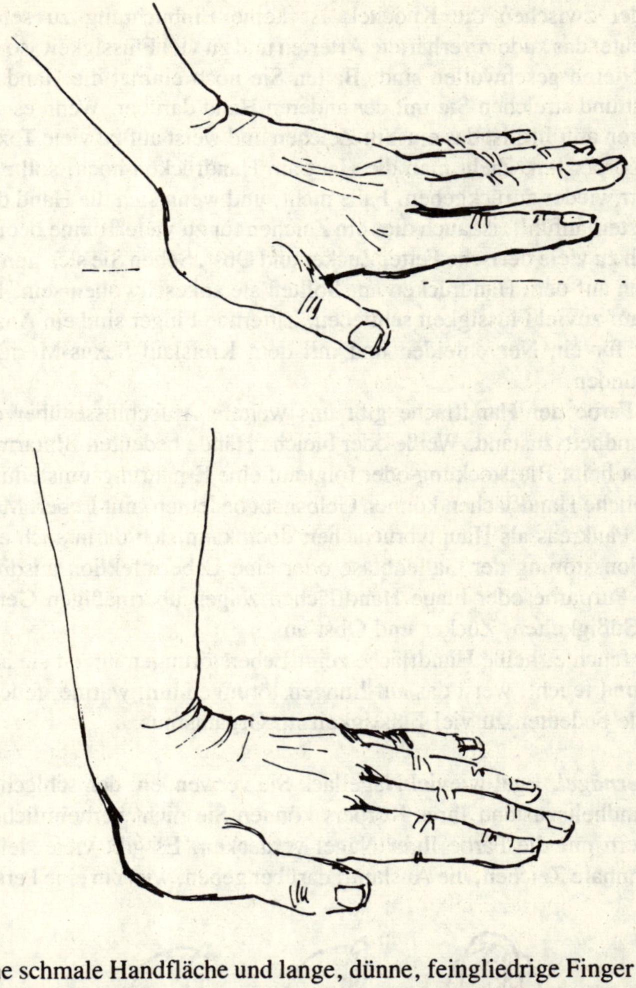

Eine schmale Handfläche und lange, dünne, feingliedrige Finger sind Yin und Ausdruck einer schwachen und empfindlichen Gesundheit. Wenn ein Mensch, der solche Anzeichen aufweist, nichts Vorbeugendes unternimmt, kann er im Laufe der Zeit alle möglichen Krankheiten bekommen.

Legen Sie die Hand fest auf den Tisch. Haben Sie schlaffes Fleisch zwischen den Knöcheln? Wenn ja, haben Sie zu viel Flüssigkeit im Körper. Nun machen Sie mit der Hand eine Faust und sehen Sie wieder zwischen die Knöchel. Ist keine Einbuchtung zu sehen, bedeutet das zudem verhärtete Arterien und zu viel Flüssigkeit, so daß die Nieren geschwollen sind. Ballen Sie noch einmal die Hand zur Faust und streichen Sie mit der anderen Hand darüber. Wenn es sich trocken anfühlt, ist das ein Yin-Zeichen und weist auf zu viele Toxine im Körper hin. Zieht man die Haut am Handrücken hoch, sollte sie sofort wieder zurückgehen. Falls nicht, und wenn sich die Hand dick und steif anfühlt, ist auch dies ein Zeichen für zu viele Toxine bedingt durch zu viele tierische Fette, Zucker und Obst. Sehen Sie sich nun die Venen auf dem Handrücken an. Sollten sie angeschwollen sein, läßt das auf zuviel Flüssigkeit schließen. Zitternde Finger sind ein Anzeichen für ein Nervenleiden und mit dem Kreislauf-Sexus-Meridian verbunden.

Die Farbe der Handfläche gibt uns weitere Aufschlüsse über den Gesundheitszustand. Weiße oder bleiche Hände bedeuten Blutarmut, tiefrot heißt Blutstockung oder folgt auf eine Ernährungsumstellung. Gelbliche Handflächen können Gelbsucht bedeuten, mit Leber, Milz, oder Pankreas als Hauptverursacher, doch kann sich darin auch eine Funtionsstörung der Gallenblase oder eine Leberinfektion ausdrükken. Purpurne oder blaue Handflächen zeigen übermäßigen Genuß von Süßigkeiten, Zucker und Obst an.

Eine feuchte, heiße Handfläche zeigt Leberstörungen an; ist sie aber kalt und feucht, weist das auf Lungenstörungen hin; warme, feuchte Hände bedeuten zu viel Flüssigkeit im Organismus.

Fingernägel: Egal wieviel Nagellack Sie verwenden, den schlechten Gesundheitszustand Ihres Körpers können Sie nicht verheimlichen, sondern nur die Farbe Ihrer Nägel verdecken. Es gibt viele, leicht erkennbare Zeichen, die Auskunft darüber geben, wie Yin eine Person

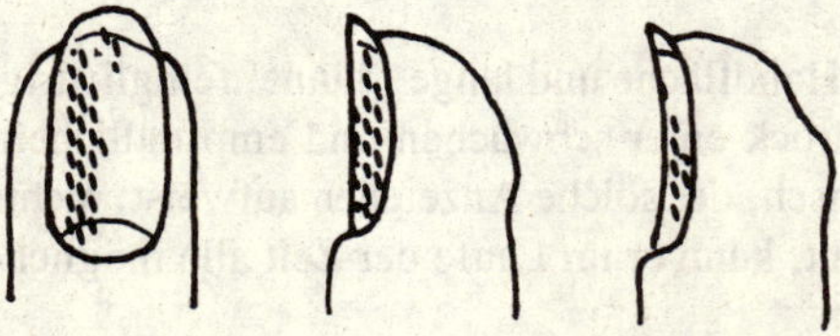

tatsächlich ist. Lange, schmale Nägel z. B. sind Yin, ebenso flache Nägel. Gewölbte Nägel, auch Löffelformnägel genannt, sind ein Zeichen für Würmer, die sich schon längere Zeit im Körper befinden, ebenso auch eingerissene Nägel. Beides ist meist dem Genuß von tierischem Fleisch oder, seltener, von ungewaschenem Gemüse zuzuschreiben.
Halbmonde auf dem Nagelgrund sind ein weiteres Zeichen für Yin und für zu viele Toxine; je größer die Halbmonde, um so mehr Toxine. Bei einer gesunden Person findet man nur am Daumennagel einen sehr kleinen Halbmond.
Eine rosa Nagelfarbe spricht für eine bleibende Gesundheit, tiefrot zeugt von zu viel Protein im Blut durch zu viel Fleisch, während weiße Nägel Anämie bedeuten und gelbliche Nägel auf eine Gelbsucht sowie eine Funktionsstörung von Milz, Pankreas und Leber hinweisen.

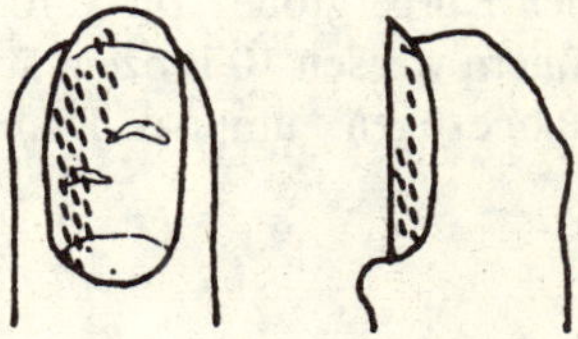

Weiße Punkte auf dem Nagel bedeuten ein Zuviel an Zucker, chemischen Substanzen oder Drogen. Die Position der Punkte kann weitere Aufschlüsse geben, da ein Nagel etwa 9 bis 10 Monate braucht, um vom Grund zur Spitze zu wachsen.
Ist die Nagelbettkante dick und sehr rot, und schält sie sich ab, so ist zu viel Protein im Körper, bedingt durch zu viel Fleischprodukte. Der Betreffende neigt auch zur Nervosität.

Größe
Hochgewachsene Personen sind Yin, und daß die Menschen im Westen immer größer werden, ist auf übermäßige eigene Yin-Ernährung bzw. die der Eltern zurückzuführen. Sehr dünne, magere Leute sind ebenfalls Yin. Die ideale Größe ist siebenmal die Länge des Kopfes, gemessen vom Kinn bis zum Scheitelansatz.

Gehen
Gebogene Beine sind Yin und weisen auf eine Überfütterung – vor

allem mit Fleisch und Salz – während der Kindheit hin. Zeigen die Zehen beim Gehen nach innen, ist das ebenso ein Yin-Zeichen wie hochgezogene Schultern oder ein krummer Rücken. Auch wenn das Gewicht beim Gehen auf den Zehenspitzen ruht, ist das Yin, eine Gewohnheit, die durch hohe Absätze noch verstärkt wird.
Schwingende Hüften sind ein starkes Yin-Zeichen, bedeuten im Westen aber Schönheit und Sexappeal. Wenn ein Mädchen beide Füße zusammenstellt und dabei ein Zwischenraum an den Oberschenkeln entsteht, ist das ein Yin-Zeichen und weist auf eine stark gefühlsbetonte Persönlichkeit hin.

Gewicht

Untergewicht ist Yin. Um Ihr richtiges Gewicht zu ermitteln, rechnen Sie Körpergröße minus 100. Daraus ergibt sich das Körpergewicht in Kilogramm. Bei einer Körpergröße von 1,70 Meter sind das 70 Kilogramm. Bei Männern werden 10 Prozent aufgeschlagen und bei Frauen 10 Prozent abgezogen, um das Durchschnittsgewicht zu ermitteln.

Bauch

Bevor keine Beschwerden auftreten, nimmt man normalerweise keine Notiz von seinem Bauch. Beschwerden können durch Erkrankung der Leber, der Nieren oder des Herzens verursacht werden und äußern sich in Schmerzen und einer Anschwellung des Bauchraumes. Dies ist zurückzuführen auf eine schwere Kontraktion – ein typisches Yin-Zeichen –, wegen der die übermäßig aufgenommene bzw. produzierte Flüssigkeit nicht ausgeschieden werden kann. Mit die häufigsten Krankheiten, bei denen dies geschieht, sind Leberzirrhose, Hepatitis, Magengeschwüre und Herzschwäche.

Harnblase

Wenn die Blase anschwillt, liegt die Ursache sehr wahrscheinlich in einer starken Kontraktion (Yin), wodurch der Urin nicht abfließen kann. Blasensteine sind ebenfalls Yin und können zu Entzündungen führen. Sie können nicht, wie häufig angenommen, durch Medikamente aufgelöst werden, sondern müssen operativ entfernt werden. Die beste Empfehlung ist hier, schon vorbeugend zu wirken durch Befolgung des Ch'ang Ming-Weges.

Urin

Er gibt wichtige Hinweise auf den Gesundheitszustand. Zuviel Flüssigkeit läßt die Nieren anschwellen, was deren Funktion beeinträchtigt. Normalerweise sollte man pro Tag etwa 0,6 Liter trinken und zwei- bzw. dreimal urinieren. Frauen nur ein- bis zweimal, da ihre Blase größer ist.

Viele Krankheiten oder Infektionen beeinträchtigen die Farbe des Urins und die Häufigkeit des Urinierens. Hier einige Richtlinien, die zusammen mit anderen diagnostischen Beobachtungen genutzt werden können:

Harninfektion – häufiges Harnlassen;
Epilepsie – Verlust der Harnabgangskontrolle;
Tuberkulose – häufiges Urinieren mit stark gelber Farbe;
Magen-Darmentzündung – verminderter Harnfluß mit gelber Farbe;
Leberzirrhose – spärliche Urinmenge mit gelber Farbe;
Leukämie – manchmal ein wenig Blut im Urin;
Dysenterie – brauner Urin in geringen Mengen;
Hepatitis – Urin hat eine stark rötlichgelbe Färbung und erscheint schaumig.

Je heller die Farbe, desto stärker der Yin-Einfluß. Es ist ratsam, die Flüssigkeitsaufnahme zu kontrollieren und Obst und Zucker zu meiden.

Stuhl

Eine Stuhlentleerung sollte mindestens einmal täglich, möglichst zur selben Zeit, erfolgen. Die beste Zeit dafür ist gleich morgens nach dem Aufstehen, so daß Sie den neuen Tag frisch und befreit vom Ballast des vorigen beginnen können.

Der Stuhl sollte bei einem normalen, gesunden Menschen braun und fest sein. Ist er wässrig, hat man zuviel Flüssigkeit, Früchte und Zucker zu sich genommen. Ist der Stuhl dunkel oder schwarz, so weist das auf zuviel Fleisch hin.

Normalerweise ist der Stuhl geruchlos; wenn er übel riecht, ist eine Infektion im Magen oder Dickdarm zu vermuten. Schwarzer, teeriger Stuhl mit Blutspuren kann ein Magenkarzinom, Leberzirrhose oder Magengeschwüre bedeuten. Blutspuren bei normaler Farbe können auf eine Rektumsblutung, Leukämie, Dysenterie, Darminfektion oder manchmal auch Anämie hinweisen. Zu wenig Stuhl oder Verstopfung ist ein Yin-Zeichen, und man sollte in diesem Fall nicht so viel essen und sehr gut kauen. Zerfällt der Stuhl in Teile, kann dies ein Hinweis auf Würmer sein.

Sind Sie ein Yang-Typ?

Hautfarbe

Gesunde Haut sollte rosig und stets warm sein. Die rote Gesichtsfarbe eines Erwachsenen zeigt, daß er oder sie Yang ist, mit der Tendenz, noch mehr Yang zu werden, was durch zu viel Proteine und Fleisch oder zu viel Blut im Organismus verursacht wird. Wenn die Hautfarbe sich je nach Klima verändert, z. B. durch die Hitze im Sommer oder die Kälte im Winter, ist das ein Yin-Zeichen und bedeutet meist auch eine schlechte Gesundheit.
Eine rote Hautfarbe bei einem Kleinkind ist normal, da es während des Wachstums mehr Yang wird und vor Vitalität und Energie strahlt.

Hautbeschaffenheit

Die Haut sollte sich weich und samtartig anfühlen mit genug Öl im Gewebe, um sie geschmeidig zu halten und ihr ein blühendes Aussehen zu verleihen. Künstliche Öle und Cremes ersetzen nicht die natürlichen Öle des Körpers, vielmehr verstopfen sie die Poren und verhindern eine gute Zellatmung, wodurch der Boden für die Bildung von Karzinomen bereitet wird.

Haare

Schwarzes Haar ist Yang, rotes Haar noch mehr und ingwerfarbenes am stärksten. Jedes Haar sollte von Natur aus glänzen, ohne daß Sie mit irgendwelchen Mitteln nachhelfen müssen.
Das Haar sollte kräftig sein. Natürlich gewelltes oder lockiges Haar ist Yang. Wenn Sie wissen wollen, ob Ihr Haar wirklich gesund ist, sollten Sie sich ein Haar auszupfen und versuchen, es durchzubrechen. Wenn das Haar gesund ist, wird es Ihnen nicht gelingen. Trockenes Haar ist zu sehr Yang geworden und man braucht etwas mehr Öl in der Nahrung, z. B. Sesamöl oder Soya-Sauce.

Gesicht

Gesicht und Kopf einer Yang-Person sollten rund sein, das Kinn quadratisch. Waagerechte Linien auf der Stirn, vorausgesetzt sie

laufen parallel zueinander, sind Ausdruck von Ordnungssinn, gutem Organisationsvermögen und eines entwickelten Gehirns. Gehen die Linien ziellos in verschiedene Richtungen, weisen sie auf unstetes Denken hin, das im Extremfall bis zur Schizophrenie reichen kann. Eine ausgeprägte Yang-Person hat selbst dann keine Falten zwischen den Augenbrauen, wenn sie diese zusammenzieht.

Augenbrauen: Eine dicke, breite Augenbraue ist Yang und sollte der normalen Krümmung des Auges folgen.

Augenwimpern: Yang-Augenwimpern sollten stark und gerade sein, um den Augapfel zu schützen. Yin-Wimpern dagegen sind aufgebogen und lassen das Auge ungeschützt.

Augenlider: In Ländern mit starker Sonneneinwirkung ist es normal, doppelte Augenlieder zu haben. Dies dient dem Schutz und ist ein Yang-Zeichen.

Augen

Lange, schmale Augen mit der Iris im Zentrum sind Yang. Schielen ist ein Zeichen dafür, daß die Person zu Yang geworden ist und sich zu viele Toxine im Körper befinden, wodurch auch ein Bluthochdruck entstehen kann. Durch ein Befolgen des Ch'ang Ming-Weges kann ein Heilungsprozeß wirksam unterstützt werden, doch eine Änderung ist nicht von heute auf morgen zu erwarten.

Nase

Eine kurze Nase ist Yang, und wenn sie am Ende leicht nach oben zeigt, ist das ein noch stärkeres Yang-Zeichen. Auch eine breite Nase mit großen Nasenflügeln ist Yang.

Mund

Ein kleiner Mund ist sehr Yang. Die durchschnittliche Größe eines Yang-Mundes entspricht, von einem Mundwinkel zum anderen, der Breite der Nase.

Lippen: Rosa Lippen sind Yang, denn sie signalisieren, daß der Körper gesund ist. Dicke, gleichgroße Lippen sind ebenfalls Yang, dürfen aber nicht mit den geschwollenen Yin-Lippen verwechselt werden, die ein Indiz für Epilepsie sein können.

Zähne: Gleichmäßig aufgereihte Zähne von normaler Größe und Form sind Yang. Zwischen den Zähnen sollte es keine Zwischenräume geben. Neigen sich die Zähne etwas nach innen, ist man zu sehr Yang.

Zahnfleisch: Eine wirklich gesunde Person hat rosa und festes Zahnfleisch, ein deutliches Yang-Zeichen.

Zunge: Eine rosa Zunge ist ein Merkmal guter Gesundheit und kennzeichnet einen Yang-Zustand. Die Oberfläche sollte einer Erdbeere gleichen, leicht gewellt und rauh.

Ohren
Große Ohren mit großen Ohrläppchen, die am Kopf anliegen, sind Yang. Alles andere ist Yin.

Hände
Eine dicke, runde, rosa Handfläche mit kurzen, stämmigen Fingern ist Yang. Die Hände sollten warm und, unabhängig vom Wetter, immer trocken sein.

Fingernägel: Es ist Yang und ein Zeichen guter Gesundheit, wenn die Maserung vom Nagelbett zur Spitze verläuft. Das gleiche gilt für

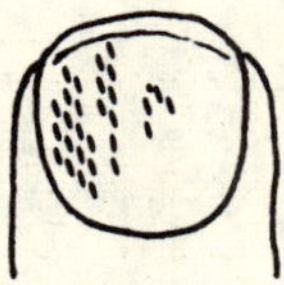

kurze, breite Nägel
und

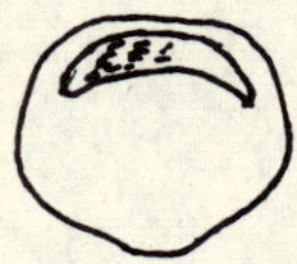

runde Nägel

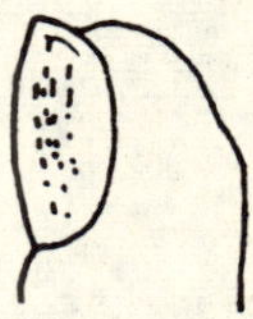

und nach außen gewölbte Nägel.

Die Nägel sollten hart sein, jedoch nicht brüchig, und von rosiger Farbe. Beobachten Sie sie sorgfältig, denn sie sind die Fenster Ihres Blutes.

Größe
Wer kurz und stämmig ist, ist Yang. Dies wird aber auch von der Größe des Kopfes in Relation zum Körper abhängen (siehe Seite 57).

Gehen
Eine Frau mit Yang-Hüften geht so, daß ihr Kleid vom Gesäß zur Hüfte diagonale Falten wirft – auch ein Zeichen dafür, daß sie im Alter etwas stämmig wird.

Urin
Yang-Urin riecht nicht und ist von einem mittleren Gelb.

Stuhl
Wenn Sie Yang sind, ist Ihr Stuhl braun, fest und lang. Veränderungen in der Ernährung, z. B. zu viel Salz oder Milchprodukte, können sich jedoch auf den Stuhl auswirken.

Es ist natürlich, daß Sie sich zuerst einmal selbst betrachten, um festzustellen, in welchen Typus Sie sich einordnen. Mit der Zeit werden Sie das Konzept von Yin und Yang vollständig erkennen und wissen, wie Sie ein Gleichgewicht zwischen beiden in sich selbst schaffen können.

6. Krankheitszeichen

Im letzten Kapitel haben wir die äußeren Zeichen der körperlichen Gesundheit, wie sie durch die verschiedenen Yin- und Yang-Merkmale gekennzeichnet sind, untersucht. In diesem Kapitel ordnen wir diese Symptome spezifischen Krankheiten und Beschwerden zu, wobei wir diese, wo es notwendig erschien, um einige allgemeine Symptome besonders dann ergänzt haben, wenn es keine äußerlichen Zeichen ihrer Existenz gibt.
Natürlich hoffen wir, daß Sie hierdurch ein tieferes Verständnis und eine größere Wahrnehmungsfähigkeit entwickeln für die Krankheiten und für die Bemühungen des Körpers, sie wieder loszuwerden.
In der traditionellen chinesischen Therapie gibt es acht verschiedene Gruppen von Krankheiten, die man alle auch Yin- und Yang-Kategorien zuordnen kann.

Yin-Krankheiten: Innerlich (nei), kalt (han), Mangel (hsu). Die allgemeinen Symptome sind: bleiche, durchsichtige Gesichtsfarbe, Müdigkeit, flache Atmung, Appetitmangel, kalte Hände und Füße, feuchte Hände und Achselhöhlen, bleiche Zunge mit weißem Belag, häufiges Wasserlassen, obwohl wenig Flüssigkeit zu sich genommen wird, schlaffe Bewegungen, eine Vorliebe für warme oder heiße Getränke, ruhig in Bewegung und Sprache, eine Vorliebe fürs Alleinsein, tiefliegender, schwacher Puls.

Yang-Krankheiten: Äußerlich (wai), heiß (je), fest (ying). Die allgemeinen Symptome sind: eine glühende Gesichtsfarbe, ein warmer Körper, der stets auf der Suche ist nach einem kühlen Platz, eine laute Stimme, gesprächig, ein geselliges Wesen, rastlos, rauhes und lautes Atmen, immer durstig, ein stets trockener Mund, rissige Lippen, eine stark rote Zunge mit gelblichem Belag, brennendes Gefühl beim Wasserlassen, wenig Urin, eine Neigung zu Verstopfung, schwankender, schneller und starker Puls.

Die Yin- und Yang-Beschwerden können jedoch ineinander übergehen und die Diagnose dadurch komplizieren, besonders da nicht alle

Symptome gleichzeitig auftreten oder bei jeder Person zu finden sind. Durch Erfahrung läßt sich aber jede Krankheit auch dann bestimmen, wenn sich nicht alle äußeren Anzeichen zeigen. Natürlich ist die Anzahl der hier aufgeführten Leiden begrenzt, wir werden jedoch die am häufigsten auftretenden behandeln, denen Sie zweifellos recht häufig begegnen werden.

Anämie
Weiße Gesichtsfarbe,
weiße Haare,
weiße Nägel,
unterer Rand des Augenlides ist weiß,
glatte, glänzende Zunge,
Risse im Mundwinkel,
weiße oder bleiche Hände,
Abgespanntheit,
geschwollene Knöchel,
Atembeschwerden,
Verdauungsstörungen,
»Sterne« vor den Augen,
Schwindel,
Durchfall,
leicht erschöpft.

Anus, Beschwerden mit dem
Anhaltende rektale Reizung,
Handwurzel ist dunkelrot,
Schmerzen bei Stuhlentleerung,
manchmal das Gefühl einer starken Schwellung,
eventuell Blutbeimengung im Stuhl.

Ballaststoffe, zu viel im Organismus
Weiße oder gelbe Male auf der Zunge,
rote Pickel auf dem Körper,
roter Körperausschlag,
rote Handflächen und Finger.

Blase, Beschwerden mit der
Handwurzel ist dunkelrot,
Müdigkeit,

häufiges und schmerzvolles Urinieren,
Gewichtsverlust,
trockener Rachen,
gelblicher Zungenbelag,
trüber Urin,
Appetitmangel,
manchmal tritt Frösteln oder Fieber auf,
Schmerzen in den Knien und im Rücken,
Launenhaftigkeit,
rosa Zunge,
bitterer Geschmack im Mund.

Bluthochdruck
Schielen,
rote Kapillaren auf der Nasenspitze,
Schwindel,
Müdigkeit,
Schmerzen in der Brust,
Ohrenklingeln,
gelegentlich kann eine verschwommene Sehkraft auftreten.

Blutstockung
Schwellung unter den Augen,
purpurne oder dunkelblaue Farbe unter den Augen,
dunkle Lippen,
dunkel-purpurnes Zahnfleisch,
bei kaltem Wetter wird das Gesicht, besonders aber die Nase rot,
rote Ohren,
rote Hände,
Hautgeschwüre,
Magenschmerzen,
purpurne Zunge,
gelegentlich Kopfschmerzen.

Blutzirkulation, schlechte
Dunkle Lippen,
bei kaltem Wetter wird das Gesicht, besonders aber die Nase rot.

Bronchialasthma
Schäumendes weißes Sputum,

mitunter graues Sputum mit gelegentlichen Blutbeimengungen,
rotes Gesicht und rote Lippen,
Keuchen,
Abneigung gegen kaltes Wetter,
trockener Stuhl,
gelber Urin,
Furchtsamkeit,
Körper wird manchmal heiß,
Schwierigkeiten beim Atmen,
Schlaflosigkeit, Unruhe, Nachtschweiß,
Gewichtsverlust,
trockener Mund,
manchmal Frösteln oder Fieber.

Chemikalien und Zucker, zu viele in der Nahrung
Weiße Punkte auf den Nägeln.

Cholesterin, zu viel
Finger können nicht mehr zurückgebogen werden,
Handgelenk kann nicht im 90°-Winkel zurückgebogen werden.

Darm, Beschwerden mit dem
Pickel im Gesicht,
geschwollene Unterlippe,
eventuell Hautausschlag,
die Seite des Daumens kann bläulich werden,
weißer oder gelber Zungenbelag,
Übelkeit,
Bauchkrämpfe,
Erbrechen,
verminderte Harnausscheidung,
Durst,
manchmal Schweißausbruch.

Diabetes
Eine Iris zeigt zur Nase, die andere ist normal,
Jucken am Harnröhrenausgang,
entzündete Pickel,
Geschwüre an den Füßen,

Füße und Schienbeine werden schmerzhaft,
Krämpfe,
Nervenschmerzen in den Gliedmaßen,
Verstopfung,
immer wiederkehrende Geschwüre,
entzündeter, roter, trockener Rachen mit starkem Durstgefühl,
gelblicher Zungenbelag,
verschwommene, unscharfe Sicht.

Epilepsie
Beide Lippen sind geschwollen,
bleiche Gesichtsfarbe,
Spasmen in den Mundwinkeln,
erweiterte Pupillen,
manchmal kann das Weiße des Auges ober- oder unterhalb der Iris gesehen werden,
gelegentliches Ohnmächtigwerden,
Körperzuckungen.

Erkältung
Allgemeine schlechte körperliche Verfassung,
belegte Zunge,
große Augen,
Halsschmerzen,
weiße oder bleiche Gesichtsfarbe,
Zunge kann gelb, weiß oder rot sein.

Fleisch, zu viel in der Nahrung
Lange Augenwimpern,
das Weiße des Auges scheint rötlich,
Augenbrauen drehen sich an den Enden nach oben,
Haarausfall,
senkrechte Linien auf der Stirn,
dicke, knollige Nase,
dunkle Lippen,
rote Ohren,
spitze Zähne,
rote Gesichtsfarbe,
geschwollene und dicke Nagelhaut,

rote und sich schälende Nagelhaut,
Tendenz, die Nagelhaut abzureißen oder abzukauen,
große Halbmonde auf den Nägeln,
die Haut auf dem Handrücken zieht sich nicht sofort wieder zusammen, wenn sie etwas hochgezogen wird,
rote Nägel,
gebogene Beine,
schlechter Atemgeruch.

Gallenblase, Beschwerden mit der
Die Symptome ähneln denen bei Gallenblasensteine,
gelbliche Gesichtsfarbe,
gelbliche Handfläche.

Gallenblasensteine
Schwellung um den Augenbereich, besonders im oberen Augenlid,
ein gelblicher Schein im Weiß des Auges,
Übelkeit,
weißer oder gelblicher Zungenbelag.

Gehirn, Störungen des
Zunge kann nicht gerade herausgestreckt werden,
Zunge zittert,
Augen sind in ständiger Bewegung,
zitternde Finger und Hände,
Reizzustände,
eventuell können Halluzinationen auftreten.

Gelbsucht
Gelbliches Zahnfleisch,
gelbliche Handfläche,
aufgeblähter Unterleib,
Appetitmangel,
Übelkeit,
Erbrechen,
Körper und Gesicht sind gelblich,
Extremitäten können sich kalt anfühlen,
Abgeschlagenheit,
das Weiße des Auges wird gelblich,

weißer oder gelber Zungenbelag,
manchmal das Gefühl von Schwindel nach dem Essen,
wenig Stuhlgang.

Geschlechtsorgane, Beschwerden mit den männlichen
Waagerechte Linie zwischen Oberlippe und Nase,
dunkle Lippen,
gespaltenes und gekräuseltes Haar.

Geschlechtsorgane, Beschwerden mit den weiblichen
Dunkelbraune Farbe unter den Augen,
eine horizontale Linie zwischen Oberlippe und Nase,
dunkle Lippen und dunkles Zahnfleisch zeigen eine unregelmäßige Menstruation an,
gespaltenes und krauses Haar.

Harninfektion
Häufiges, schmerzhaftes Wasserlassen,
Urin kann Harngrieß enthalten,
unterschiedliche Harnmengen,
Gesicht kann gelblich werden,
Müdigkeit,
Gewichtsverlust,
Durst,
Harnblase bei Berührung weich,
vergrößerte Prostata,
Kopfschmerzen,
dunkler Urin.

Harnstauung
Heftige Schwellung des Unterleibs,
Kein oder nur sehr wenig Urin,
Nabel und Füße sind kalt,
Fieber,
phantasierend,
Zungenbelag entweder dünn und weiß oder dick und gelb,
nervös.

Harter, gefühlloser Charakter
Iris an der Unterseite des Auges.

Hautveränderungen
Rissige Lippen,
Schuppen,
abschälende, schuppige Haut.

Hepatitis
Schaumiger, dunkler, rötlich-gelber Urin,
rosa Zunge,
gelblicher Zungenbelag,
manchmal aufgeblähter Unterleib,
bitterer Geschmack im Mund,
Übelkeit,
Erbrechen,
Appetitmangel,
Abneigung gegen fettes Essen,
manchmal Frösteln oder Fieber,
Unruhe,
Durst,
Kopfschmerzen.

Herz, Störungen des
Vergrößerte und knollige Nase,
rote Nasenspitze,
rote, glatte Zunge,
purpurne Lippen,
Spalte in der Zungenmitte,
rotes Gesicht,
geschwollener Unterleib.

Herzfehler
Augenpupillen sind zu groß,
rote Gesichtsfarbe,
rote, knollige Nase,
allgemeine Konstitutionsschwäche.

Herzleiden
Purpurne Lippen,
rosa Sputum,
Herzklopfen,

schneller Herzschlag,
Husten.

Karzinom
Beide Augen zeigen nach außen,
grünliche Gesichtsfarbe,
fast keine Augenbrauen,
dunkle Lippen,
Gelbsucht,
Anämie,
häufige Kopfschmerzen,
Brustschmerzen,
Gewichtsverlust,
schwarze Zungenwurzel,
geschwollener Unterleib,
Appetitverlust,
Übelkeit,
teeriger Stuhl.

Keuchhusten
Glattes, weißes Sputum,
Nase läuft,
Niesen,
hartes, stoßweises Husten,
winzige Geschwüre an der Zungenwurzel,
Fieber,
Erbrechen, manchmal auch mit Blutbeimengung,
blaue Gesichtsfarbe,
blutunterlaufene Augen,
sehr bleiche Fingerspitzen,
bleiche Lippen,
weißer oder gelber Zungenbelag,
rosa Zunge,
trockener Mund.

Knochen, schwache
Zähne werden schlecht,
Karies,
Anämie.

Kreislauf-Sexus-Meridian, Beschwerden mit dem
Augen sind immer in Bewegung,
langsame Reaktion der Augen,
zitternde Finger und Hände.

Leber, Beschwerden mit der
Das Weiße des Auges wird rötlich,
senkrechte Linien zwischen den Augen,
gelbe Gesichtsfarbe,
gelbliche Handflächen und Finger,
bläuliche oder weiße Gesichtsfarbe (wenn der Patient Alkohol trinkt),
blaue Kapillaren besonders an den Schläfen,
Schuppen,
rote Zungenspitze,
manchmal wird die Zunge purpurn,
geschwollene Oberlippe,
gelbe Nägel,
geschwollener Unterleib,
wenig, gelblicher Urin,
Empfindlichkeit in der Lebergegend,
Appetitmangel,
geschwollene Beine.

Leukämie
Manchmal Blut im Urin und Stuhl,
Anämie,
Blutungsneigung,
anhaltendes hohes Fieber,
bleiche Gesichtsfarbe,
Kopfschmerzen,
Körperschmerzen,
Schwindel,
Gewichtsverlust,
geschwollener Unterleib,
Durchfall.

Lunge, Beschwerden mit der
Schmale Nasenflügel,

porzellanfarbene Haut,
eitriges Sputum, das manchmal gelb oder grünlich aussieht,
Appetitmangel,
Husten,
manchmal ein stumpfer Schmerz in der Brust,
manchmal fiebrig,
weißer oder leicht gelblicher Zungenbelag.

Lungenentzündung
Rostfarbenes Sputum,
Schüttelfrost,
Erbrechen,
Schmerzen auf einer Brustseite,
rötliche Gesichtsfarbe mit einem Stich ins bläuliche,
dünner Zungenbelag,
trockene Lippen,
nachts manchmal phantasierend.

Magen, Beschwerden mit dem
Mitte der Zunge sowie die Zungenwurzel sind rot,
Zysten rechts oder links des Mundes,
rissige Lippen,
weiße Zunge,
gelbliche Gesichtsfarbe,
die Seite des Daumens ist bläulich verfärbt.

Magen-Darm-Katarrh
Gelblicher Urin in geringer Menge,
übelriechender und wässriger Stuhl,
Frösteln und Fieber,
Schmerzen im Unterleib.

Magengeschwür
Ähnliche Symptome wie bei Magenbeschwerden,
geschwollener Unterleib,
teeriger Stuhl,
Magenschmerzen, besonders nach dem Essen,
manchmal Blutbeimengung im Stuhl,
trockener Rachen,

Nervosität,
Schluckauf,
Übelkeit,
Sodbrennen.

Mandelentzündung
Entzündeter und schmerzender Rachen,
geschwollene Mandeln,
eventuell auftretende Mandelgeschwüre,
gelbe Flecken auf den Mandeln,
manchmal Schwellung des Rachens,
Frösteln oder Fieber,
eventuell Krämpfe,
roter Rachen.

Menstruationsbeschwerden
Dunkles Zahnfleisch,
dunkle Lippen,
rote Zungenspitze
purpurne oder blaue Färbung unter den Augen,
trockene Haut,
Menstruationsblutung ist dunkelrot oder purpurn,
kalte Hände und Füße,
Schwindel,
allgemein zu wenig Energie,
Blutgerinsel im Menstruationsblut,
gelber Urin,
gelber Zungenbelag,
Rückenschmerzen,
Unterleibsschmerzen,
Schwäche in Beinen und Lenden,
Appetitmangel,
schlechte Laune.

Milz und Pankreas, Beschwerden mit
Gelbes Gesicht,
gelbe Handflächen,
gelbe Finger,
gelbe Nägel,
purpurne Zunge.

Nasenbluten
Schwaches Gewebe,
zu dickes Blut,
zu viel Blut,
Bluthochdruck.

Nebenhöhlenentzündung
Verstopfte Nase,
verminderter Geruchssinn,
Kopfschmerzen,
Schwindel,
Konzentrationsschwankungen,
Appetitmangel,
klebriger, eitriger Nasenausfluß,
gelegentliches Fieber,
Gedächtnisschwäche.

Nervensystem, Störungen des
Zunge kann nicht gerade herausgestreckt werden,
Zungenzittern,
zitternde Finger,
Augen sind immer in Bewegung,
rote, sich schälende Nagelhaut,
Nagelkauen,
Schwindel,
Kopfschmerzen,
Konzentrationsmangel,
schlechte Laune,
Schlaflosigkeit,
manchmal »Sterne« vor den Augen,
Müdigkeit.

Nesselsucht
Weiße oder rosa Flecken auf der Haut,
heftiges Jucken zu unregelmäßigen Zeiten, besonders aber nachts,
nach Kratzen schwellen die Flecken an,
Übelkeit,
Bauchschmerzen,
trockener, juckender Rachen,

Verstopfung,
Spannung und Ängstlichkeit,
weißer oder gelber Zungenbelag,
rosa Zunge,
Stuhlparasiten.

Nieren, Beschwerden mit den
Dunkelbraune Farbe unter den Augen,
rote Ohren,
dunkle Gesichtsfarbe,
geschwollener Unterleib,
Schwellung unter den Augen,
Müdigkeit,
Rückenschmerzen,
Appetitmangel,
Übelkeit,
wässriger Stuhl,
Kopfschmerzen.

Protein, zu viel in der Nahrung
Pickel auf dem Inneren des Augenlides,
Schuppen,
alle weiteren Symptome: siehe unter *Fleisch*.

Ruhr
Brauner Urin in geringen Mengen,
Gesicht und Lippen werden manchmal bläulichgrün,
Blut im Stuhl,
Übelkeit,
Erbrechen,
Kopfschmerzen,
schmerzhafter Unterleib,
Darmgeräusche,
rote Augen,
Farbveränderung im Stuhl,
manchmal fieberhaft.

Salz, zu viel in der Nahrung
Gebogene Beine,

rote Ohren,
trockene Haut,
schwaches Herz,
Verstopfung,
Bluthochdruck,
Müdigkeit,
Schlaflosigkeit,
dunkle Haut,
hervorstehende Zähne,
rostfarbener Urin.

Säuredefizit im Blut
Blut ist zu alkalisch,
beide Augen zeigen nach außen,
Befürchtungen, Unruhe und Sorgen sind die vorherrschenden Gefühle.

Scharlach
Bleiche Lippen,
wunder, roter Rachen,
Pickel auf der Zunge,
Haut schält sich,
Bauchschmerzen,
Fieber,
glühende Wangen,
Erbrechen,
belegte Zunge.

Schilddrüse, Beschwerden mit der
Hervortretende Augen,
geschwollene Augenlider,
geschwollenes Gesicht,
Haarverlust,
ständiges Frieren,
Energielosigkeit und Müdigkeit,
Appetitmangel.

Schizophrenie
Ungleichmäßige, waagerechte Linien über der Stirn,

Launenhaftigkeit,
körperliche Schwachheit,
verminderte innere Energie und unkonzentrierte äußere Energie.

Süßigkeiten, zu viel in der Nahrung
Dünne oder fast gar keine Augenbrauen,
Handfläche ist blau oder purpurn,
weiße Punkte auf den Nägeln.

Tetanus
Krämpfe in Nacken und Kiefer,
Frösteln,
Kopfschmerzen,
Schluckbeschwerden,
Zähneknirschen,
zunehmende körperliche Schwäche.

Trachom (Virusinfektion des Auges)
Pickel innen am Augenlid,
oberes Augenlid ist geschwollen und hart,
verschwommene, unscharfe Sicht,
vermehrte Augensekretion,
juckendes Auge.

Tuberkulose
Wangen färben sich nachmittags rosa,
dickes, gelbes Sputum,
häufiges Urinieren und dunkelgelber Urin,
weicher Unterleib mit Druckschmerz,
manchmal wird hellrotes Blut ausgespuckt,
rötliche Zunge,
weißer Zungenbelag,
Hände und Füße fühlen sich heiß an,
Nachtschweiß,
Müdigkeit,
trockener Mund und Rachen,
Durst,
trockener Stuhl,
Depression.

Tumor
Dunkles Zahnfleisch und Lippen,
Zysten auf den Lippen,
teeriger Stuhl,
geschwollener Unterleib,
Appetitmangel,
Aufstoßen,
Schmerzen in Brust, Unterleib oder Rücken,
saurer Geschmack des Speichels,
Übelkeit,
schneller Gewichtsverlust,
häufige Kopfschmerzen,
Anämie,
bei Frauen kann Blut im Ausfluß sein,
Haut nimmt eine orangegrüne Färbung an,
Gelbsucht,
Blut im Stuhl,
große Müdigkeit und Erschöpfungszustände.

Übersäuerung des Blutes
Schielende Augen,
erweiterte Pupillen.

Uterus, Beschwerden mit dem
Handwurzel dunkelrot,
allgemeine Schwäche,
gelber Urin,
Rückenschmerzen,
gelber Zungenbelag,
bleiche Zunge,
häufiges Urinieren,
dünner und verminderter Stuhlgang.

Verstopfung
Geschwollene Unterlippe,
belegte Zunge, die weiß, gelb oder purpurn aussehen kann,
manchmal übelriechende Blähungen,
Depression,
Krämpfe des Dickdarms,

glühendes Gesicht,
geschwollener Unterleib,
manchmal sind die Lippen sehr bleich oder dunkel,
Stuhl ist hart, trocken und dick.

Würmer und Parasiten
Gewölbte Nägel,
harte und abgebrochene Nägel,
häufiges Nägelbeißen,
Rektalreizung,
Bauchschmerzen,
geschwollener Unterleib,
weiße Flecken auf dem Gesicht,
blaue oder purpurne Punkte auf dem Augapfel,
Übelkeit,
Schwindel,
Fieber,
Hautausschlag,
kleine, rote Punkte auf der Zunge und hinter der Unterlippe,
übelriechender Stuhl,
bleiche Gesichtsfarbe,
Müdigkeit,
Jucken am Anus und manchmal an der Vagina.

Yin-Nahrung, zuviel
Dunkle Lippen,
dunkelblaue oder purpurne Handflächen,
weiße Nägel,
bleiche, weiße, durchsichtige Gesichtsfarbe,
rote Hautflecken,
die Haut ist kalt und feucht, besonders an Händen und Füßen.

7. Ch'ang Ming – Die taoistische Therapie für ein langes Leben

Die natürliche taoistische Gesundheitstherapie ist seit Jahrtausenden Teil des täglichen chinesischen Lebens und geht auf die Weisheit und die Empfehlungen der »Söhne des reflektierenden Lichtes« zurück. Selbstverständlich unterlag sie vielen Veränderungen, einige waren sogar schädlich für die Gesundheit. Durch die Suche der Taoisten nach körperlicher Alchimie erhielt sie jedoch schließlich ihre ursprüngliche Form wieder. Seitdem wurde sie in jeder Familie des Landes von einer Generation an die nächste weitergegeben, so daß sie sich zu einem Bestandteil chinesischer Lebensart entwickelte. Obwohl heute die Chinesen in verschiedenen Teilen der Welt je nach den lokalen Gewohnheiten kleine Veränderungen vorgenommen haben, sind die Grundlagen doch dieselben geblieben.

Die meisten Menschen im Westen denken in bezug auf ihre Gesundheit nie weiter als von heute auf morgen und setzen alles als selbstverständlich voraus. Das geht soweit, daß sie sie in vieler Hinsicht mißbrauchen – mit der Folge, daß der Körper dies irgendwann nicht mehr ertragen kann und zugrundegeht. Jugendliche Vitalität verbirgt oft Schwächen, die sich im menschlichen Körper entwickelt haben. Klagt z. B. ein kleines Kind über Schmerzen, werden sie oft als Wachstumsschmerzen abgetan und die Symptome ignoriert. Mit fortschreitendem Alter treten dann Degenerationen und Verschlechterungen auf, bis schließlich die wirklichen Schwächen des Körpers durch verschiedene Symptome zutage treten. Dann wird der Organismus – aufgrund mangelnder Gesundheit und Vitalkraft – unter der starken Belastung langsam immer schwächer, und die Krankheit breitet sich mehr und mehr aus.

Wenn Sie ein Haus besitzen und zulassen, daß sein Dach, seine Wände und seine Fundamente durch Vernachlässigung und Sorglosigkeit verfallen und schließlich zusammenbrechen, werden Sie nur noch einen wertlosen Haufen Schutt übrigbehalten. Genau das tun

aber heute viele Menschen mit ihrem eigenen Körper, um sich dann zu wundern, wenn sie in ihrem späteren Leben unter Krankheiten und Beschwerden leiden.
Zu sagen, daß der Leidende seine schlechte Gesundheit selbst verursacht hat, mag unfair scheinen, und dennoch ist es eine Tatsache. Allerdings können auch mangelnde Einsicht und ungenügendes Wissen über die Jahre dazu geführt haben.

Die Grundregeln der gesunden Ernährung

Ein Sprichwort im Westen sagt: »Probieren geht über Studieren.« In China wurde die Probe schon vor vielen tausend Jahren gemacht und hat sich seither in den täglichen Eßgewohnheiten der Chinesen bewährt, die auf einigen einfachen Regeln basieren:

1. Essen Sie nur, wenn Sie hungrig sind, und nicht der Gewohnheit zuliebe.
2. Essen Sie nur natürliche Nahrungsmittel.
3. Kauen Sie jeden Bissen wirklich gut.
4. Überessen Sie sich niemals.
5. Nehmen Sie nur so viel Flüssigkeit zu sich, wie absolut nötig.

Zu dem ersten Punkt ist zu sagen, daß die Chinesen im Durchschnitt täglich zwei gute Mahlzeiten zu sich nehmen. Das genügt voll und ganz, denn so wird der Körper in die Lage versetzt, die Nahrung gut zu verdauen, sie über den ganzen Organismus zu verteilen und vor der nächsten Mahlzeit noch eine Ruhepause zu haben.
Punkt zwei ist geradezu selbstverständlich für ein Land mit einer so umfassenden Agrarkultur wie China. Da ist das Verzehren natürlicher und in der jeweiligen Region angebauter Nahrungsmittel nur vernünftig. Dies erklärt, warum die Chinesen viel Getreide und Gemüse und – in geringem Maße – heimisches Obst essen.
Der dritte Rat, daß Sie Ihre Nahrung gut kauen sollen, mag die Menschen im Westen, die die Angewohnheit haben, ihr Essen schnell hinunterzuschlucken oder dauernd mit Flüssigkeit hinunterzuspülen, befremden. Sie berauben sich dadurch selbst des vollen Nutzens ihres Speichels und überlasten ihr Verdauungssystem.
Über den Hunger zu essen, ist ein weiterer Frevel gegen Ihren Organismus, denn damit überschwemmen Sie nicht nur Ihre Yang-

Wichtige Quellen dieser Vitamine	A	B	B_1	B_2	B_6	B_{12}	C	D	E	K	Kalzium	Eisen
Weizen	✓	✓	✓	✓	✓				✓	✓	✓	✓
Hirse		✓	✓	✓	✓				✓	✓	✓	✓
Roggen		✓	✓	✓	✓				✓	✓	✓	✓
brauner Reis		✓	✓	✓	✓				✓	✓	✓	✓
Hafer		✓	✓	✓	✓				✓	✓	✓	✓
Mais		✓	✓	✓	✓				✓	✓	✓	✓
Brokkoli	✓	✓	✓	✓	✓	✓	✓		✓	✓	✓	✓
Weißkohl	✓	✓	✓	✓	✓	✓	✓		✓	✓	✓	✓
Erbsen	✓	✓			✓		✓			✓	✓	✓
Bohnen	✓	✓			✓		✓			✓	✓	✓
Brunnenkresse	✓	✓	✓	✓	✓		✓		✓	✓	✓	✓
Karotten	✓		✓	✓	✓		✓			✓		✓
Grünkohl	✓	✓			✓		✓			✓		✓
Alfalfa	✓	✓			✓		✓			✓		✓
Rüben	✓	✓	✓	✓	✓		✓			✓	✓	✓
Mangold	✓	✓		✓	✓		✓			✓	✓	✓
Senf	✓	✓			✓		✓			✓	✓	✓
Löwenzahn	✓	✓	✓	✓	✓		✓		✓	✓		✓
Tomaten	✓											
Sojabohnen	✓	✓	✓	✓	✓		✓		✓	✓	✓	
Meerespflanzen		✓									✓	✓
Sonnenblumenkerne		✓					✓					
Sesamsaat		✓					✓					
Aprikosen	✓		✓				✓					
Pfirsiche	✓						✓					
Milch		✓		✓							✓	
Fisch		✓			✓	✓		✓			✓	
Huhn		✓		✓								
Leber		✓		✓		✓						
Rindfleisch		✓		✓	✓	✓						
Lammfleisch		✓			✓	✓						
Schweinefleisch		✓			✓	✓						
Margarine	✓						✓	✓				
Butter	✓											

Organe, so daß sie die Nahrung nicht richtig verdauen können, sondern Sie geben ihnen auch nicht genügend Zeit, ihre Arbeit zu vollenden, bevor Sie schon wieder die nächste Ladung in sich hineinstopfen. Es ist daher kein Wunder, daß Ihre Energien sich mit der Zeit erschöpfen. Reduzieren Sie also die Aufnahme schwer verdaulicher Nahrung wie beispielsweise das Weiße eines gekochten Eies oder zu kurz gekochtes Fleisch. Die Chinesen schneiden ihre Nahrungsmittel immer in sehr kleine Stücke, so daß Fett oder Fettgewebe sich während des Kochens lösen kann, was dazu beiträgt, die Verdauungsorgane zu entlasten.
Der fünfte Punkt ist ebenfalls äußerst wichtig, denn zuviel Flüssigkeit im Körper kann gewaltigen Schaden und auf lange Sicht einen schlechten Allgemeinzustand verursachen. Außerdem ist dies sehr Yin und daher auch Hauptursache vieler Krankheiten. Nebenbei bemerkt: Sehr wenige Chinesen trinken Alkohol, obwohl sie ihre eigenen Weine machen, die hauptsächlich aus Getreide, Kräutern und Früchten hergestellt werden. Alle chinesischen Tees sind Kräutertees und werden immer nach dem Essen getrunken, niemals während einer Mahlzeit und nie mit Milch und Zucker. Es ist eine alte Regel, niemals mehr als drei Tassen Tee hintereinander zu trinken, und Sie wissen ja, wie winzig chinesische Teeschalen sind.
Ch'ang Ming basiert auf einfachen Regeln. Vor 10000 Jahren wußten die Chinesen nichts über die Vitamine A, B, C und D, so wie sie heute eingeordnet sind, aber sie wußten um die Notwendigkeit, die biologischen Grundlagen eines jeden angepflanzten Nahrungsmittels, einschließlich Pflanze, Wurzeln, Stiel, Blättern, Früchten und Samen, sowie alle lebenden Stoffe zu kennen und zu wissen, welchen Langzeiteffekt sie auf den menschlichen Körper haben. Auf ihrer Suche nach körperlicher und geistiger Alchimie machten sich die Taoisten über Tausende von Jahren selbst zum Gegenstand ihrer Forschungen, wobei viele für die gute Sache starben. Schließlich gelangten sie alle zu tiefen Einsichten in die Regeln und Grundsätze des Universums, und dadurch wurden die Taoisten zu sehr kompetenten Diätspezialisten und Kräuterkundigen.
In seiner großen Weisheit übernahm mein Lehrer Chan Kam Lee vor beinahe 60 Jahren die fundamentalen taoistischen Empfehlungen und paßte sie westlichen Eß- und Trinkgewohnheiten an. Nachdem er die Grundsätze von Yin und Yang ins Gleichgewicht und mit den konsumierten Nahrungsmitteln in Einklang gebracht hatte, verglich er seine

Ergebnisse mit den von den Taoisten niedergelegten Grundregeln und entwickelte die auf Seite 85 zu sehende Liste.
Sehen Sie sich die Liste der Nahrungsmittel mit den meisten Vitaminen und dem größten Nährwert, die dem menschlichen Körper geboten werden können, an und vergleichen Sie sie sorgfältig mit den Empfehlungen der Taoisten für ein vernünftiges Essen und Trinken, wie sie Jahrtausende vor Christi Geburt niedergelegt wurden. Sie werden überrascht sein, wie vorteilhaft diese Empfehlungen für den menschlichen Körper sind, die allein aus dem Verständnis der Prinzipien von Yin und Yang heraus entstanden. Verwenden Sie nun ein paar Minuten darauf, sie zu vergleichen.

Die taoistischen Ch'ang Ming-Ernährungsempfehlungen

Die folgenden Lebensmittel sind zu empfehlen:

1. Sie können alle natürlich gewachsenen, organisch angebauten und nicht chemisch behandelten Vollkorngetreidesorten wie z. B. braunen Reis, Weizen, Buchweizen, Gerste, Hirse, Roggen und Mais essen sowie alle hieraus hergestellen Produkte wie z. B. Brot, Kuchen, Pudding, Kekse und Müsli.
2. Seetang.
3. Alle in unseren Breiten gezogenen Gemüsesorten – aber nur in ihrer Saison –, besonders Wurzelgemüse, Erbsen und Bohnen. Nicht jedoch die im nächsten Abschnitt unter Punkt 10 aufgeführten Gemüse.
4. Sprossen aus Soja- und Mungbohnen.
5. In unseren Breiten gewachsene Nüsse, vorzugsweise geröstet, jedoch nicht gesalzen.
6. Alle einheimischen Früchte, jedoch nur in ihrer Saison.
7. Fettarmer Joghurt.
8. Honig, aber nur in kleinen Mengen.
9. Hüttenkäse oder vegetarischer Käse.
10. Kräutertees oder chinesischer Tee.
11. Pflanzenmargarine und Pflanzenöl wie Sesam- oder Sonnenblumenöl.
12. Eier, jedoch nur als Rührei oder Omelette, am besten nur das Eigelb.
13. Natürliches Meersalz, Sesamsalz oder Sojasoße.

14. Alle getrockneten Früchte wie Kirschen, Rosinen, Korinthen etc.
15. Getreide- oder Reismilch – wenn erforderlich, auch Magermilch oder Magermilchpulver.
16. Machen Sie Ihre eigenen Fruchtsäfte, aber nur aus einheimischen Früchten. Vermeiden Sie die handelsüblichen kohlensäurehaltigen Getränke.
17. Verwenden Sie, wenn irgend möglich, wildwachsende Gemüse und Kräuter.
18. Wenn Sie es wünschen, können Sie fettarmen weißen Fisch, Geflügel und Meeresfrüchte essen.

Nicht zu empfehlende Lebensmittel:

1. Veredelte oder chemisch behandelte Nahrung, d. h. alles, was chemische Zusätze (Farbstoffe, Aromastoffe, Konservierungsmittel etc.) oder Fruchtsäure enthält.
2. Nahrung aus chemisch behandeltem Getreide, besonders weißes Mehl und alles aus weißem Mehl hergestellte.
3. Tiefgefrorene Nahrung.
4. Kaffee, Alkohol, Tabak, Schokolade und andere Süßigkeiten.
5. Gewürze, Tafelsalz, Senf, Pfeffer, Essig, in Essig eingelegte Speisen oder Curry.
6. Rotes Fleisch von Schwein, Rind, Hammel oder Lamm.
7. Lachs, Thunfisch, Makrele, Haifisch, Schwertfisch oder Wal.
8. Zucker.
9. Eiscreme, künstliche Gelees, synthetische Fruchtsäfte.
10. Kartoffeln, Tomaten, Auberginen, Rhabarber und Spinat.
11. Konzentrierte Fleischextrakte, Suppen und Soßen.
12. Käse, Milch, gekochte oder gebratene Eier.
13. Schmalz oder Bratenfett aus tierischen Fetten.
14. Jede Art Fisch oder Geflügel mit viel Fettgewebe.

Chemisch behandelte Nahrungsmittel

Nehmen Sie keine Nahrung zu sich, die chemische Zusätze enthält. Künstliche Farbstoffe, Geschmacksstoffe, Konservierungsmittel etc. schaden dem Körper. Diese Stoffe neigen dazu, die Nahrung zu sehr zu Yin oder Yang zu machen, was auf jeden Fall vermieden werden sollte.

Früchte
Obwohl Äpfel Yang sind, ist Obst im allgemeinen doch Yin und sollte daher nur in Maßen genossen werden. Vermeiden Sie besonders alle tropischen Früchte wie Orangen, Feigen, Ananas, Avocados, Papayas, Mangos und Bananen, da diese sehr stark Yin sind. Im Gegensatz zur westlichen Auffassung ist es nicht ratsam, einem Kranken Früchte als Geschenk mitzubringen, da damit wahrscheinlich sein Zustand nicht nur verschlechtert, sondern auch die Tätigkeit der Körpermechanismen verlangsamt wird. Der Körper benötigt daher mehr Zeit zur Heilung.

Gemüse
Verwenden Sie nur in unseren Breiten gewachsenes Gemüse – aber auch nur dann, wenn gerade die Saison dafür ist – am besten solches aus kontrolliertem biologischem Anbau. Hülsenfrüchte wie z. B. Erbsen, Bohnen und Linsen sind besonders zu empfehlen, da sie reich an Eiweiß, Eisen und anderen Vitaminen sind. Wußten Sie, daß z. B. Brunnenkresse, grüner Pfeffer, Blumenkohl, Kohl und Rosenkohl alle mehr Vitamin C enthalten als Orangen? Karotten, Brunnenkresse und getrocknete Aprikosten haben den höchsten Vitamin A-Anteil, während getrocknete Linsen, getrocknete Aprikosen, getrocknete Feigen, Mandeln, Hafergrütze, Vollkornmehl und Hühnerfleisch eine beachtliche Menge Eisen enthalten, das für die roten Blutkörperchen unentbehrlich ist.

Kräuter
Heute werden sie nicht mehr in dem Maße verwendet wie früher einmal, sie sind jedoch billig und sehr vorteilhaft für die Gesundheit des menschlichen Körpers. Es gibt so viele, daß es Bücher füllen würde, wollte man alle Kräuter der Welt aufführen. Einige der gebräuchlicheren wie Salbei, Klette, Thymian, Petersilie, Brunnenkresse, Löwenzahn, Basilikum und Lorbeerblätter können Speisen und Suppen beigegeben werden, denn sie haben alle hervorragende Eigenschaften und verleihen ihnen eine besondere Würze. Sie können alle auch als Tee verwendet werden, der sehr gut schmeckt, sobald man sich an das jeweilige Aroma gewöhnt hat.

Reis
Weißer Reis wird poliert und zum Teil gebleicht. Es ist daher besser,

braunen Reis zu verwenden, da er, auch wenn die Kochzeit etwas länger dauert, während des Kochens nichts von seiner Güte verliert. Rundkornreis ist besonders zu empfehlen.

Getreide
Alle Getreidearten besitzen einen hohen Energiewert und beachtliche Mengen Eiweiß, Kalzium und Eisen. Sie können auf verschiedenste Weise verwendet werden, nicht nur als feste Speisen, sondern man kann auch vorzügliche Milch und andere Getränke aus ihnen herstellen. Dazu werden die Körner geröstet, dann wird Wasser hinzugefügt und diese Mixtur gekocht; Sie können anschließend Honig oder Sojasoße hinzufügen und erhalten so ein sehr wohlschmeckendes Getränk. Brauner Reis kann in gleicher Weise verarbeitet werden.

Fisch
Einmal in der Woche Fisch oder andere Meeresfrüchte zu essen ist mehr als genug. Der Grund dafür ist der Yin-Charakter dieser Speisen. Sie sollten daher nur in kleinen Mengen und nicht zu oft gegessen werden.

Fleisch
Der menschliche Körper benötigt eigentlich kein Fleisch, denn alle erforderlichen Nährstoffe können aus Getreide und Gemüse gewonnen werden. Hinzukommt, daß Fleisch und tierische Fette für den Magen schwer verdaulich sind und daher das Verdauungssystem überlasten. Sie erzeugen Giftstoffe, die für den Kreislauf und das Nervensystem schädlich sind.

Salz
Gewöhnliches Salz enthält sehr wenig Gutes, denn das meiste davon ist vor Millionen Jahren mit dem Wasser verdunstet. Meersalz hat jedoch verschiedene Mineralien und Spuren von Jod zurückgehalten, die der menschliche Körper benötigt. Jeder, der über fünfzig Jahre alt ist, sollte jedoch weniger Salz verwenden, denn die Aufnahme von zuviel Salz führt bekanntlich zu erhöhtem Blutdruck. Eines der besten Würzmittel ist Sesamsalz, eine Mixtur aus neun Teilen Sesamsamen und einem Teil Meersalz. Es ist in den meisten Bioläden erhältlich und kann leicht auch selbst hergestellt werden.

Kartoffeln, Tomaten, Auberginen
Diese sind der Tollkirsche (Tödlicher Nachtschatten) verwandt und besitzen ebenfalls einige der gefährlichen Eigenschaften des giftigen Alkaloids Solanin. Deshalb sollten sie vermieden werden.

Rhabarber und Spinat
Beide enthalten lösliche Oxalsäure und sollten daher nicht gegessen werden.

Schokolade, Kaffee, Tee
Nur wenige sind sich der schädlichen Wirkungen dieser Getränke bewußt, die Koffein, Tannin und andere schädliche Stoffe enthalten. Da sie auch als Stimulans wirken, wird das Herz zusätzlich belastet. Schokolade kann bei Kindern Akne hervorrufen und reduziert die Kalziumaufnahme im Körper, wodurch Zähne, Nägel und Knochen geschwächt werden.

Die Ch'ang Ming-Ernährung kann jedem zu dauerhafter Gesundheit verhelfen; wer sehr mager ist, wird mit ihrer Hilfe zunehmen, und wer an Fettsucht leidet, wird ein natürlicheres Körpergewicht erlangen und sich auf diese Weise nach den Naturgesetzen des Universums richten. Sie kann alle Beschwerden überwinden und alle Krankheiten heilen, indem sie den Körper und alle seine Organe stark und wirklich leistungsfähig macht, so daß er sich schließlich selbst heilen kann.
Wie ist es aber möglich, daß Ch'ang Ming Sie dabei unterstützt, eine stabile Gesundheit zu behalten und sicherstellt, daß die Leidenden und Kranken sie wiedererlangen? Erstens gewährleistet sie die hundertprozentige Leistungsfähigkeit der Körperorgane; dazu ist es notwendig, den Überschuß an Fett, Wasser, Giftstoffen und Säure loszuwerden, deren Ansammlung im Körper wir zugelassen haben. Mit der Ch'ang Ming-Ernährung ist dies sehr leicht, vorausgesetzt Sie sind bereit, Ihre Eß- und Trinkgewohnheiten zu ändern. Das heißt selbstverständlich, daß Sie gewisse Dinge, die Sie bisher genossen haben, aufgeben und lernen müssen, sie durch andere Speisen und Getränke, die Sie vielleicht bisher nicht gemocht haben, zu ersetzen.
Wir müssen ebenfalls dafür sorgen, daß das Verdauungssystem richtig funktioniert, so daß die gegessenen Speisen gut verdaut und so schnell wie möglich wieder ausgeschieden werden. Der Darm muß täglich entleert werden, so daß keine giftigen Stoffe über einen zu

langen Zeitraum zurückgehalten werden, und wir müssen uns bemühen, diesen Verdauungsprozeß zu unterstützen.
Das Blut spielt eine wichtige Rolle im Körper, es ist daher äußerst wichtig, daß es die richtige Zusammensetzung hat und seine Arbeit im Kreislaufsystem tun kann. Selbstverständllich sollte der Kreislauf weder stocken noch eingeschränkt sein. Falls es aber Stockungen gibt, müssen sie beseitigt werden, damit die verschiedenen Drüsen, Venen und Kapillaren ihre Tätigkeit wirklich gut und frei von Hindernissen und Verstopfungen ausführen können und nichts ihren Fluß erschwert. In Fällen von Arthritis müssen wir außerdem alles alkalische aus den betroffenen Gelenken wegschwemmen, so daß die Ch'ang Ming-Ernährung dem Körper helfen kann, den Prozeß der Erneuerung der Knochen und des Zellgewebes zu beschleunigen.
Die Fünf Elemente (Wu Hsing) zeigen sich auch in den fünf Stadien, die alle Patienten durchlaufen müssen, wenn sie wirklich ernsthaft nach Genesung trachten und für den Rest ihres Lebens gesund bleiben wollen. Sogar wer sich nicht so sehr engagiert wie andere, kann wenigstens vier der folgenden Stadien zur Wiederherstellung seiner Gesundheit durchlaufen.

1. *Reinigung:* Auf dieser Stufe wird der Körper innen wie außen von Übersäuerung, Giftstoffen und allen anderen schädlichen Stoffen gereinigt, einschließlich der Wirkungen von Arzneimitteln, die noch im System vorhanden sein könnten.
2. *Aktivierung:* Dieses Stadium ist der Beginn der Heilung und der erste Schritt zur Erlangung einer guten Gesundheit. Der gesamte Organismus wird aktiviert, so daß er optimal funktionieren kann. Diese Aktivierung setzt etwa 1–2 Monate nach der Umstellung auf die Ch'ang Ming-Ernährung ein.
3. *Pflege:* Da alle inneren Organe jetzt wieder richtig arbeiten, kann der Körper einen Schritt weitergehen und das Zellgewebe der Organe, des Fleisches und der Muskeln erneuern. Dies dauert etwa drei Jahre.
4. *Erschaffung:* Hier wird die Arbeit des 3. Stadiums fortgeführt mit der Erneuerung der Nägel, Zähne und Knochen. Dieses Stadium kann bis zu zehn Jahren dauern.
5. *Okklusion:* Die letzte Phase ist die der Bewahrung bleibender Gesundheit und der Verlängerung der Lebensspanne. (Siehe hierzu Kapitel 15.)

Bleibende Gesundheit hängt also im wesentlichen völlig von einer richtigen und natürlichen Ernährung ab, wie sie schon vor mehr als zehntausend Jahren für unsere Vorfahren selbstverständlich war. Was aber sind natürliche Nahrungsmittel? Wenn Sie gegenüber dem Normalverbraucher von natürlicher Ernährung sprechen, wird er denken, Sie seien schrullig oder ein Quacksalber. Dabei vergißt er völlig, daß natürliche Nahrungsmittel schon immer ein Lebensquell der Menschheit waren und daß seine Großeltern sowie deren Großeltern genau diese Art Nahrung konsumierten. Natürliche Nahrungsmittel stammen aus kontrolliertem biologischen Anbau, ohne Verwendung von Dünge- oder Schädlingsbekämpfungsmitteln und sind nicht chemisch behandelt, so daß ihre natürlichen Nährstoffe erhalten bleiben.

In größerem Maßstab werden Chemikalien wie Schädlingsbekämpfungsmittel, Düngemittel, Bleichmittel, künstliche Zusätze, Farbstoffe, Konservierungsmittel oder Geschmacksstoffe erst seit wenigen Jahrzehnten verfeinerten Lebensmitteln oder Fertiggerichten zugesetzt. Auch viele importierte Früchte werden vor dem Export automatisch erst mit Konservierungsmitteln besprüht, und wenn Sie solches Obst nicht in heißem Wasser waschen, bevor Sie es verzehren, werden Sie Ihren Körper mit noch mehr Chemikalien belasten.

Durch die Ch'ang Ming-Ernährung werden nicht nur alle Arten von Krankheiten geheilt, sondern sie führt auch dazu, daß Sie nie wieder krank werden. Das ist schlicht die Folge der Kräftigung Ihres Körpers, dank derer er optimal funktionieren und sich dadurch selber heilen kann. Schließlich wurde der menschliche Körper vom Höchsten Geist (Yuhuang Tati) so geschaffen, daß er in der Lage ist, diese Aufgabe leicht, automatisch und ununterbrochen zu erfüllen. Falls er dazu nicht imstande ist, sollten Sie ihn dabei unterstützen, seine Arbeit in der vorgesehenen Form wirksam zu verrichten.

Soviel über Ch'ang Ming (Taoistische Therapie für natürliche Gesundheit und ein langes Leben) in aller Kürze. Geben Sie sich aber nicht eher damit ab, bis Sie ernsthaft bereit sind, sich dieser Aufgabe zu widmen und aufrichtig wünschen, für immer geheilt zu werden. Es kann ein paar Wochen oder Jahre dauern, bis Sie dieses Ziel erreichen, je nach dem gegenwärtigen Zustand Ihrer Gesundheit. Wie auch immer, die Anstrengungen müssen Sie selbst auf sich nehmen, und alles hängt nur von Ihnen ab. Die Gesundheit wird nur erlangt durch das ernsthafte und aufrichtige Verlangen danach. Sie ist Ihr natürliches Erbe, aber Sie müssen sich stets bemühen, sie zu erhalten.

8. Ts'ao Yao – Chinesische Kräutertherapie

Seit es Menschen gibt, haben sie die Bedeutung des Pflanzenreiches gewürdigt. Es versorgte sie mit Nahrung, Kleidung und vielen anderen Produkten. Darüber hinaus spielte es eine bedeutende Rolle in der internationalen Wirtschaft. Bereits vor Tausenden von Jahren wurden Heilkräuter über China und Indien in den Mittleren Osten und den Mittelmeerraum exportiert. Die Chinesen unterhielten ein sehr lukratives Exportgeschäft in Kräutern und anderen Waren mit Hilfe der vielen Händler, die bereit waren, ihr Leben zu riskieren auf der langen Reise über unbewohnte Ebenen, hohe Berge, dichte Dschungel und sehr schlechte Wege. Lange Zeit gehörten Heilkräuter und ihre weltweite Verbreitung zum Bild, das man von China hatte.

Die unendliche Weisheit und die Unterweisung der »Söhne des reflektierenden Lichtes« verschafften den Chinesen eine hervorragende Ausgangsposition und eine einzigartige Wissensgrundlage, indem sie sie lehrten, die Möglichkeiten der Kräutertherapie bis ins letzte zu erforschen. So wurde es ihnen möglich, das gewaltige Potential der vorbeugenden und heilenden Arzneien zu entwickeln. Shen Nung jedoch, später allgemein bekannt als Huang Ti (Der Gelbe Kaiser), der zweite Kaiser von China, soll als erster die nützlichen und gefährlichen Eigenschaften Hunderter von Pflanzen tabellarisch geordnet haben.

Shen Nung lebte etwa 3000 Jahre vor Christus und soll von dem Element Feuer (Huo) beeinflußt gewesen sein. Ihm wird auch die Erfindung des Pfluges, die Konstruktion des ersten Wagens mit Rädern, die Entwicklung verschiedener Bewässerungssysteme sowie die Förderung des Ackerbaus zugeschrieben – alles zusätzlich zu seiner höchst wertvollen Arbeit mit Heilpflanzen.

Nach seinem Tode wurde Shen Nung zu einem der Götter der Apotheker Chinas gewählt und erhielt den Titel »Der Himmlische Landmann«. Sein klassisches Werk über die Innere Medizin, das Nei Ching, ist in der ganzen Welt bekannt und wird auch heute noch von traditionellen und modernen Ärzten als Nachschlagewerk verwendet;

allerdings wurde es inzwischen unterteilt in die beiden Hauptgebiete Su Wen und Ling Shu. Das komplette Werk umfaßt vierundzwanzig Bücher und insgesamt einundachtzig Kapitel.
Seit der Regierungszeit des Gelben Kaisers ist die umfangreiche Arbeit, über 30000 in der traditionellen Medizin verwendete Heilpflanzen zu erfassen, stetig fortgeschritten. Die Eigenschaften der Wurzeln und Knollen, Blätter und Stiele, Früchte und Samen werden ebenso aufgeführt wie das breite Spektrum der verfügbaren Rezepturen.
Eines der wichtigsten Werke zu diesem Thema stammt von Li Shih Chen, es enthält über 12000 Heilkräuter und Rezepte und wurde erstmals im sechzehnten Jahrhundert in China veröffentlicht. Li Shih Chen war nicht nur ein traditioneller Arzt, sondern auch ein qualifizierter Kräuterkundiger und Pharmakologe, und sein Werk, das als »Handbuch der Heilmittel« (Pen Ts'ao Kang Mu) bekannt wurde, war das Ergebnis beinahe dreißigjähriger Erfahrung und praktischer Arbeit.
Selbst in unserer modernen Welt ist die westliche Ärzteschaft voll Staunen über die außergewöhnliche Anzahl möglicher Kombinationen von Heilkräutern, die in China nicht nur in schriftlicher Form bekannt sind, sondern von den traditionellen Ärzten immer noch verwendet werden zur Vorbeugung und Heilung zahlreicher Krankheiten. Was viele Leute jedoch nicht richtig erkennen, ist die Tatsache, daß alle Heilkräuter dem Einfluß von Yin und Yang unterstehen, denn sie können entweder innerlich oder äußerlich, manchmal auch gleichermaßen innerlich wie äußerlich genutzt werden. Die über Jahrtausende erzielten Resultate haben sich als richtig und wirksam erwiesen, aber natürlich hängt alles von der richtigen Anwendung ab sowie von der Kenntnis des Einflußbereichs und der Auswirkungen, ob sie kurze oder längere Zeit anhalten; aber auch Bescheid zu wissen über die Dauer des Zeitraums, über den sie verabreicht werden können, ist wichtig.
Innerlich angewandt, können sie z. B. in Form von Pillen, Pulver, heißen oder kalten Getränken sowie Suppen eingenommen werden, je nach Art der zu behandelnden Krankheit. Bei anderen Beschwerden müssen sie vielleicht vor oder nach dem Essen verabreicht werden und manchmal auch sehr früh morgens auf nüchternen Magen oder spät abends, nachdem die letzte Mahlzeit verdaut wurde. Ferner muß bedacht werden, ob die sofortige Wirksamkeit erforderlich ist, oder

ob eine langsame Wirkungsentfaltung über einen längeren Zeitraum angebracht erscheint.
Auch für die äußerlich wirkende Kraft aller Heilkräuter treffen diese Grundsätze zu. Man muß sich fragen, ob eine heiße oder kalte Anwendung oder beides nacheinander nötig ist. Wenn letzteres der Fall ist, muß man wissen, wie lange sie aufliegen sollen, da jedes Heilkraut unterschiedliche Eigenschaften hat und deshalb kurze oder lange Anwendungszeiten berücksichtigt werden müssen. Einige können tief unter die Oberfläche der Haut eindringen, während andere ihren Einfluß kurz unter der Hautoberfläche ausüben. Dann muß noch die Entscheidung getroffen werden, ob die Anwendung auf einer möglichst großen Fläche erfolgen soll, oder ob es ausreicht, die Kraft des Heilkrautes auf einen Punkt zu konzentrieren.
Da das Innere Yin und das Äußere Yang ist, muß alles oben Angeführte unter dem Aspekt seiner zweifachen Funktion gesehen werden, denn alles entfaltet in seiner Arbeit und den durch die Anwendung erzielten Ergebnissen zweifache Wirkung. Aus diesem Grund ist es wichtig, daß Leute, die in kälteren Klimazonen (Yin) leben, mehr Yang-Nahrung und diejenigen, die in tropischen Zonen (Yang) wohnen, mehr Yin-Nahrung konsumieren.
Die alten traditionellen Bücher über Heilkräuter unterteilen diese, in Übereinstimmung mit den Fünf Elementen (Wu Hsing), in fünf Kategorien:

1. Solche, die nahrhaft sind und täglich in der Ch'ang Ming-Diät gegessen werden können.
2. Nichtgiftige Kräuter, die für Arzneien verwendet werden können.
3. Giftige Kräuter, die nur in kleinen Mengen genutzt werden können.
4. Kräuter, die nur über eine kurze Zeitspanne genutzt werden können.
5. Kräuter, die ohne Risiko über eine lange Zeitspanne genutzt werden können.

Die Mehrzahl der im Westen wachsenden Kräuter ist auch in China bekannt und wächst auch dort. Dies ist zurückzuführen auf die große geographische Vielfalt Chinas mit Bergen im Norden, tropischen Regionen im Süden, Wüsten im Westen und einer langen Küstenlinie im Osten. Andererseits gibt es aber auch viele Heilpflanzen, die in China wachsen und im Westen unbekannt sind.

In der folgenden Zusammenstellung sind die Heilkräuter aufgeführt, welche die Natur bei ihrer Aufgabe, eine ausgewogene Balance im menschlichen Körper zu erzielen, unterstützen können, so daß die Ursache einer Krankheit beseitigt werden kann.

Perlgraupen (Imi) – Coix lachryma jobi L.
Sie schmecken recht angenehm und haben einen kühlenden Einfluß auf den Organismus. Sie kräftigen die Milz, bekämpfen Durchfall und Lungenabszesse und wirken ausgezeichnet bei Lungen- und Blinddarmentzündung. Da sie die Tendenz haben, Feuchtigkeit im Inneren des Körpers umzusetzen, sind sie von großem Nutzen für all jene, die Schwierigkeiten beim Wasserlassen haben.

Beifuß (Ai yen) – Artemisia vulgaris
Beifuß ist eine der ältesten Heilpflanzen Chinas, die auch sehr häufig in anderen Teilen der Welt vorkommt. Blätter und Wurzeln können bei innerer Anwendung als Stimulans genutzt werden, sie können aber auch äußerlich auf der Haut in Form von Breipackungen auf schmerzenden Gliedern oder bei Muskelschmerzen Anwendung finden. Als Aufguß können sie ebenfalls eingenommen werden, jedoch nur in sehr kleinen Mengen, wodurch innere Blutungen zum Stillstand gebracht, der Appetit angeregt, die Menstruation reguliert, das Energie-Gleichgewicht wiederhergestellt, Blähungen und Bauchkrämpfe vertrieben und auch eine Vielfalt von Hautbeschwerden behandelt werden können.

Sellerie (Han ch'in) – Apium graveolens
Hierbei handelt es sich um die wildwachsende Sorte, die, als Getränk zubereitet, bei der Beruhigung von hysterischen Zuständen außerordentlich wirksam ist. Seine beruhigenden Eigenschaften unterstützen auch die körperliche und geistige Entspannung. Weil er zwei verschiedene Öle enthält, ein schweres und ein leichtes, hat er die Tendenz, Harnsäure zu neutralisieren und ist daher vorzüglich geeignet zur Behandlung von Rheuma, Arthritis und Gicht. Er hat einen sehr angenehmen Geruch und wirkt, wenn die Blüte auch dem Auge eher uninteressant scheint, sehr wärmend auf den Organismus.

Chinarinde (K'u lien) – Melia azadirachta
Der Baum ist in China heimisch, da seine Nüsse aber ein guter

Exportartikel sind, pflanzt man ihn jetzt auch in Indien, Spanien und Südfrankreich an. Seine Nüsse sind sehr hart und wurden über viele Jahrhunderte zur Herstellung von Rosenkränzen verwendet. Sie sind hochgiftig und sollten niemals gegessen werden. Die Rinde des Baumes hat jedoch einmalige Eigenschaften, die sie zu einem ausgezeichneten Medikament machen. Als Getränk eingenommen, wirkt sie als ein dynamisches Abführmittel und zwar so stark, daß sie den Organismus schneller als jedes andere Mittel von Würmern befreit.

Breitwegerich (Ch'e Ch'ien) – Plantago major L.
Es wäre interessant zu wissen, wieviele Gärtner dieses sehr verbreitete Unkraut schon verflucht haben. Es kommt in China genauso häufig vor wie anderswo und vermehrt sich äußerst schnell. Es wird sehr erfolgreich bei allen äußerlichen Entzündungen angewendet, z. B. bei Nesselstichen, Insektenstichen und -bissen, krankhaften Hautbeschwerden, hervorgerufen durch Hitze, Reibung oder Schmerzen, sowie bei Schnittwunden, Abschürfungen und äußerlichen Blutungen. Innerlich wird es zur Bekämpfung von Schwindsucht, Ruhr sowie Magen- und Lungenblutungen verwendet.

Salbei (Sheng jen) – Salvia officinalis
Viele Menschen im Westen haben die Vorzüge dieser Heilpflanze vergessen und verwenden sie nur noch zur Weihnachtszeit zum Würzen des Hühner- und Putenbratens. Ihre vielen Eigenschaften rechtfertigen aber eine viel wertvollere Verwendung im Haushalt, denn die Pflanze ist für den ganzen Organismus in höchstem Maße nützlich. Sie besänftigt den Magen, kräftigt die Eingeweide, stärkt die Verdauung, hilft bei Appetitlosigkeit, bringt innere Blutungen zum Stillstand und ist sehr zu empfehlen bei Nieren- und Leberproblemen sowie bei Erkältungen. Sie mildert das Schwitzen bei denen, die unter Grippe und Tuberkulose leiden. Äußerliche Schnittwunden, Abschürfungen, Beulen und alle Arten von Prellungen oder Zerrungen können durch das Baden der betreffenden Hautstellen in einem Aufguß dieser Pflanze besänftigt werden. Verwenden Sie sie mehr in Ihrem täglichen Leben und Sie werden sehen, wie wertvoll Salbei ist. Halten Sie sie in der Küche oder in Ihrem Erste-Hilfe-Kasten immer vorrätig.

Chinarose (Yeuh chi hua) – Rosa Chinensis Jacq.
Sie wächst hauptsächlich in Südchina und blüht normalerweise das

ganze Jahr, was aus medizinischer Sicht wunderbar ist, denn hauptsächlich werden die Blüten verwendet. Sie helfen bei unregelmäßiger Menstruation und menstruellen Schmerzen und unterstützen in höchstem Maße den gleichmäßigen Fluß des Blutes durch den Körperkreislauf. Außerdem eignen sie sich vorzüglich zur Behandlung ernsthafter Verletzungen besonders des Rückens.

Löwenzahn (P'u kung ying) – Taraxacum officinale
In ihrem wildwachsenden Zustand scheint diese Pflanze überall auf der Welt vorzukommen, trotzdem gibt es nur zwei Länder, die sie wegen ihres wahren Wertes kultiviert haben. Es sind dies China und Frankreich, wo ihre Vorzüge richtig genutzt werden, sowohl als Nahrungs- als auch als Arzneimittel. Sie besitzt einen hohen Gehalt an Vitamin A und C und enthält mehr Eisen als Spinat sowie viele andere wertvolle Bestandteile. In China verwenden wir die ganze Pflanze für medizinische Zwecke. Als Tee hat sie einen eher bitteren Geschmack. Werden die Wurzeln geröstet und gemahlen, ergeben sie einen vorzüglichen Kaffee, der von allen jederzeit getrunken werden kann. Kurz vor dem Schlafengehen genommen, wird er den Organismus beruhigen und zu einem tiefen, erholsamen Schlaf verhelfen.
Löwenzahn hat außerdem einen heilsamen Effekt auf die Nieren, die Blase und den Magen und wird die Haut sehr schnell von Furunkeln und Abszessen befreien. Außerdem wirkt er anregend auf die Milchproduktion bei stillenden Müttern. Da er auf den Körper einen eher kühlenden Effekt hat, wird er zur Fiebersenkung eingesetzt.

Chinesische Jamwurzel (Shan yao) – Dioscorea batatas decne
Nur die langen, spitzeckigen Stammknollen werden in der chinesischen Kräutertherapie genutzt. Wenn sie als Aufguß verwendet werden, geben sie dem Tee einen eher süßlichen Geschmack. Die Knollen enthalten lösliche Fette, Stärke, Glutamin und einige Aminosäuren. Sie stärken die Lunge, die Nieren, den Magen sowie Milz und Pankreas und werden daher im Kampf gegen Asthma, Bronchitis und Emphyseme genutzt. Zusätzlich wird jeder, der unter chronischem Darmkatarrh oder Ruhr leidet, diese Heilpflanze enorm zu schätzen wissen, ebenso wie diejenigen, die unter Leukorrhöe leiden, sowie alle von Nervenleiden Betroffenen.

Estragon (Ch'ing hao) – Artemisia dracunculus

Er wird manchmal »kleiner Drache« genannt und ist in China sehr gebräuchlich, nicht nur als Heilpflanze für Arzneien, sondern auch dem Essig zugesetzt, um ihm Geschmack zu geben. Er findet Verwendung bei der Herstellung von Tartarsoßen, Französischen Tunken und Mayonnaise. Medizinisch ist dieses Heilkraut vorzüglich für das Herz, das Gehirn und die Leber geeignet, hauptsächlich wegen der darin enthaltenen ätherischen Öle.

Vogel-Knöterich (Pien hsu) – Polygonum aviculaire L.

Jeder Teil dieses einjährigen Krautes wird ziemlich häufig in der chinesischen Kräutertherapie genutzt. Für sich alleine kann er als Tee genutzt werden, wo man etwa 30 Gramm mit etwa einem halben Liter kochenden Wasser aufbrüht. Er ist stark fiebersenkend und hat die Tendenz, übermäßig viel Flüssigkeit im Körper auszuscheiden. Er beseitigt Blasensteine und verhindert deren Neubildung und ist besonders für Frauen geeignet, die unter starkem Scheidenausfluß leiden.
Ferner wird er in der Behandlung von Nierenbeckenentzündungen eingesetzt und unterstützt den Harnfluß.

Eisenkraut (Ma pien ts'ao) – Verbena officinalis

Dieses wilde, immerwährende Heilkraut wird manchmal mit der Zitronen-Verbena verwechselt, die aber einen typischen Zitronengeruch und -geschmack hat und nicht so winterfest wie das wildwachsende Eisenkraut ist. Eisenkraut wurde in England während der Pest in großem Umfang genutzt und war auch in verschiedenen Liebestränken des achtzehnten Jahrhunderts enthalten.
Es hat einen leicht bitteren Geschmack und wird zur Stärkung der Nerven verwendet sowie zur Linderung bei Bronchialbeschwerden. Bei Migräne und anderen durch Streß, Sorgen, Spannungen und Ermüdung hervorgerufenen Kopfschmerzen bringt es schnell Erleichterung. Außerdem bekämpft es Infektionen im Urinalbereich und wirkt gegen Hepatitis. Frauen, die unter Amenorrhöe, d. h. Ausbleiben der Regel, oder unter Brustentzündungen leiden, werden dieses Heilkraut sehr nützlich finden. In der chinesischen Kräutertherapie wird die ganze Pflanze genutzt, entweder frisch oder getrocknet, und wenn sie als Tee Verwendung findet, kann dieser sowohl heiß als auch kalt getrunken werden.

Gewürznelken (Ting hsiang) – Eugenia caryophyllata Thunb.

Gewürznelken sind bei der Zubereitung von Kuchen, Pudding und Süßigkeiten seit vielen Jahrhunderten gebräuchlich. Vielen Leuten schmecken sie jedoch etwas zu würzig. Sie enthalten eine beachtliche Menge ätherischen Öls, das in der chinesischen Medizin in großem Ausmaß Verwendung findet. Sie sind ein sehr kraftvolles Antiseptikum und helfen bei schlechtem Stuhlgang und dauernden Blähungen. Sie werden auch mit großem Erfolg bei Lungentuberkulose und Bronchitis eingesetzt.

Darüber hinaus haben sie einen wärmenden Effekt auf den Körper und lindern daher Schmerzen sowie durch Kälte hervorgerufene Krankheiten.

Kampfer (Chang) – Cinnamonum camphora (T. Nees und Eberm)

Das weiße kristallinische Öl dieses immergrünen Baumes wurde von den Chinesen über Tausende von Jahren hoch geschätzt, nicht nur wegen seiner medizinischen Vorzüge, sondern es wurde auch zur Einbalsamierung und bei der Herstellung von Seifen benutzt, damit diese einen aromatischeren Duft bekamen, sowie zur Herstellung von Tinten und Malfarben.

Die ganze Pflanze, einschließlich der Wurzeln und der Rinde, kann medizinisch genutzt werden, jedoch nur in kleinen Mengen, da größere Mengen sich als giftig erweisen können. Sie hat »Wärme«-Eigenschaften, welche helfen, die Blut- und die Ch'i-Energie-Zirkulation zu stimulieren, und eignet sich daher vorzüglich bei Magenbeschwerden, Leibschmerzen und Beschwerden des Verdauungssystems. Sie lindert alle Arten von Schmerzen – z. B. Zahnschmerzen, durch Unfälle, Verrenkungen oder Muskelzerrungen hervorgerufene Schmerzen – und ist im Kampf gegen Rheumatismus, Arthrose, Cholera und Beri-Beri von unschätzbarem Wert. (Dies kann ich aus eigener Erfahrung bestätigen. Ich war drei Jahre Kriegsgefangener der Japaner in den Dschungeln von Burma, und während andere Gefangene an Hunger, Malaria, Cholera und Beri-Beri starben, war ich nicht ein einziges Mal krank, denn ich war in der Lage, viele Heilkräuter zu finden, und schaffte es von Zeit zu Zeit, von den Einheimischen, die in Arbeitsgruppen eingeteilt waren, etwas Kampfer zu erbetteln. Als es mir schließlich gelang, zu entfliehen, wog ich nur noch etwa 39 kg, aber ich hatte meine Gesundheit erhalten.)

Wie ich bereits sagte, ist Kampfer in großen Mengen giftig für den Organismus; dies trifft auch auf viele andere Pflanzen zu. Sie sind sich sicherlich der Tatsache bewußt, daß es viele andere Pflanzen gibt, die normalerweise niemals gegessen oder als Tee getrunken werden dürfen, die aber in kleinen Dosierungen, unter strenger ärztlicher Kontrolle, im Kampf gegen verschiedene Krankheitsformen und Beschwerden genutzt werden können. Nachstehend sind einige giftige Pflanzen aufgeführt, die in China gebraucht werden, um Schwächen des Organismus zu behandeln.

Kartoffel (Maling shu) – Solanum tuberosum

Die Kartoffel wird überall in der westlichen Welt angebaut und in großen Mengen gegessen. Diese Pflanze enthält jedoch, wenngleich dies auch nicht allgemein bekannt ist, giftige Alkaloide, wodurch viele ernsthafte Erkrankungen hervorgerufen werden können, in einigen Fällen sogar der Tod von Tieren und Menschen.
Wenn die Kartoffel jedoch gerieben und der Saft ausgepreßt wird oder man sie in kleine Stücke schneidet, in wenig Wasser kocht und dann durch ein sehr feines Sieb gibt, erhält man ein cremefarbiges Wasser mit wohltuenden Eigenschaften. In kleinen Mengen vor einer Mahlzeit getrunken, hilft es jenen bei der Bekämpfung von Magensäure und Harnsäure, die an Arthritis und Magengeschwüren leiden. Ungekocht mögen Sie den Saft ungenießbar finden; Sie können aber ein wenig Soja-Soße oder Honig hinzufügen oder den Kartoffelsaft der Suppe beimischen. Trinken Sie ihn aber nur über einen Zeitraum von vier bis sechs Wochen.

Schwarzer Nachtschatten (Lung kuei) – Solanum nigrum

Diese Pflanze gehört zur selben Familie wie die Kartoffel und enthält die gleichen giftigen Alkaloide. Sie wächst wild und trägt verlockende schwarze Beeren und ist daher außerordentlich gefährlich für Kinder. Untersuchungen in China haben gezeigt, daß sie sogar für das Vieh tödlich sein kann.
Die ganze Pflanze kann medizinisch genutzt werden, nachdem sie gekocht worden ist; vor allem wird jedoch der Saft gemäß der alten Kräuterheilkunde in sehr feinen Dosierungen verwendet. Hauptsächlich, um die verschiedenen Arten von Fieber zum Abklingen zu bringen, die Urinausscheidung zu unterstützen und Gifte aus dem Organismus auszuschwemmen. Sie ist daher ein innerer Helfer gegen

äußere Symptome, die sich als Geschwüre, Ausschlag, Furunkel etc. zeigen. Sie ist auch sehr wirkungsvoll im Kampf gegen Leukorrhöe.

Tomaten (Fanch'ie) – Lycopersicum esculentum

Dies ist eine andere giftige Pflanze, die ebenfalls schädliche Alkaloide enthält. Sie ist mit der Kartoffel, der Tollkirsche und dem Schwarzen Nachtschatten verwandt. Im Westen wird sie natürlich wegen ihrer Früchte angebaut.

Es heißt mitunter, daß Tomaten das Krebswachstum unterstützen, aber bis jetzt gibt es keinen Beweis für diese Annahme, obwohl in Tierversuchen nachgewiesen wurde, daß sie Magen-Darm-Katarrh, Apathie, Nervenleiden und verschiedene andere Krankheiten verursachen können.

In der alten chinesischen Medizin wird die ganze Pflanze genutzt, aber nur in sehr kleinen Mengen. Sie hilft im Kampf gegen Magenvergiftung, Schilddrüsenvergrößerung, Fieberanfälle aller Art und Leukorrhöe.

Spring-Wolfsmilch (Hsu sui tze) – Euphorbia lathyrus

Jeder Teil dieser krautartigen zweijährigen Pflanze ist giftig – Wurzeln, Stiele, Blätter und Samen. Vergiftungen sind außerordentlich ernsthaft und haben drastische Effekte, einschließlich gefährlicher Blasenbildung im Darmtrakt, Hautreizungen und Hautentzündungen – sogar bis hin zum Tod. Als Heilkraut wird sie in Europa nicht mehr verwendet. In China wird sie jedoch noch als Abführmittel genutzt und hat sich, zusammen mit anderen Heilkräutern, als sehr erfolgreich bei der Behandlung innerer und äußerer Schwellungen sowie von Geschwüren und Wassersucht erwiesen. Von der Pflanze wird jedoch nur das Öl verwendet, und auch das nur in sehr kleinen Mengen.

Rhabarber (Ta huang) – Rheum officinale

Diese immerwährende Pflanze ist im Westen gut bekannt, weniger bekannt ist jedoch, daß sie lösliche Oxalsäure enthält, die Erbrechen, Durchfall und schwere Blutklumpungen hervorrufen kann. Auch Todesfälle sind nicht unbekannt, besonders nach dem Verzehr von Rhabarberblättern. Wenn sie jedoch besonders sorgfältig von qualifizierten Kräuterkundigen genutzt wird, kann sie zur Behandlung von Geschwüren, Wassersucht, Verstopfung, Halsentzündungen und sogar bei Herzbeschwerden eingesetzt werden.

Schlafmohn (P'ai hua ying su) – Papaver somniferum
Von dieser einjährigen Pflanze, die in vielen Teilen der Welt angebaut wird, gibt es eine weiße Spielart, die wild an vielen Orten wächst, einschließlich dem Osten Englands. Viele Menschen glauben, daß der Samen dieser Pflanze Opium enthält, tatsächlich ist es aber nur in der Samenhülse vorhanden. Der Rest der Pflanze enthält jedoch alkaloide Gifte, die langsam den ganzen Körper zerstören können, indem sie die Blutzirkulation hemmen, die Atmung unregelmäßig werden lassen, eine Kontraktion der Pupillen, sehr schweren Schlaf mit einer langen Aufwachphase und heftigen Durst bewirken.
Andererseits werden aus dem Alkaloid der Pflanze sowohl Morphine als auch Kodeine gewonnen, die beide in der modernen Medizin bekannt sind und vielseitig verwendet werden, entweder für sich alleine oder in Verbindung mit anderen Medikamenten.

9. Wen Chiech'u – Wärmebehandlung

Im »Nei Ching« heißt es, »alle Generationen sollten die Anwendung der wohltuenden Wärmebehandlungen, die dem Äußeren des Körpers helfen und dem Inneren Beistand leisten, in Ehren halten«. Das hat sich immer wieder als richtig erwiesen, auch in unserem Zeitalter, denn immer mehr Wärmebehandlungen – mit und ohne Kräuter – werden in der Therapie schwerer und leichter Krankheiten eingesetzt.

Viele verschiedene Formen der Wärmebehandlung wurden über Jahrhunderte überall auf der Welt genutzt, hauptsächlich in Form von Heiß- und Kaltwasserbehandlung oder mittels heißer Stäbe oder Feuerhaken. China gewann auf diesem Gebiet jedoch weit tiefere Einblicke als andere Länder, denn es konnte auf den Grundlagen aufbauen, die von den »Söhnen des reflektierenden Lichtes« niedergelegt wurden. Somit steht den traditionellen chinesischen Ärzten heute, egal ob sie nun moderne oder althergebrachte Medizin praktizieren, eine umfangreiche Palette von Hitze- und Kälte-Therapien zur Verfügung, um den Heilungsprozeß zu beschleunigen.

Die Erkenntnis der therapeutischen Möglichkeiten von Wärme reicht, wie wir bereits wissen, viele tausend Jahre zurück. Die Grundlagen waren also bereits formuliert, bevor das Nei Ching geschrieben wurde. Es ist ein fester Bestandteil der altchinesischen Philosophie, daß, wenn Yin innen vorherrscht, es nur durch Yang von außen her entlastet werden kann, und daß, wenn Yin nach außen strebt, das Gleichgewicht nur gehalten werden kann, indem man Yang dazu bringt, sich auf dem Weg nach innen vorzuarbeiten.

Das Ziel aller chinesischen Heilkünste ist die Erlangung einer harmonischen Balance von Yin und Yang im menschlichen Körper. Wenn ein Mann oder eine Frau zuviel von dem einen oder zuwenig von dem anderen speichert, wird der chinesische Arzt versuchen, eine Balance zwischen den beiden Extremen zu erreichen, so daß die Gesundheit wiederhergestellt werden kann. Was ein Mensch durch schlechte Eß- und Trinkgewohnheiten zerstört, kann ein anderer durch althergebrachte Methoden und tiefe Erkenntnisse wieder aufbauen. Auf diesen Prinzipien beruht die chinesische Wärmebehandlung (Wen Chiech'u) und es gibt viele verschiedene Möglichkeiten der Anwendung, so daß alle Kranken und Leidenden davon profitieren können.

Moxibustion (Aichiu)

Niemand weiß wirklich, wie lange diese Form der Wärmebehandlung in China schon angewendet wird. Bestimmt aber reicht sie noch vor die Zeit der primitiven Periode orientalischer Geschichte zurück, und das war Tausende von Jahren, bevor der Steinzeitmensch in Europa in Erscheinung trat. Es ist bekannt, daß diese Behandlungsform mehr von den Menschen der nördlichen Gebiete Chinas angewandt wurde. Dies ist zweifellos auf das kältere Klima, schneidende Winde, Eis und Schnee und das damit verbundene naßkalte Wetter zurückzuführen, das viele innere Krankheiten verursachte, die in den tropischen südlichen Gebieten unbekannt waren. Moxibustion ist ein Beispiel für die vielen Methoden, mit denen Yin-Krankheiten durch einen Yang-Einfluß ins Gleichgewicht gebracht und harmonisiert werden können.

Ai ist die chinesische Bezeichnung für den Beifuß (Artemisia vulgaris), im Westen auch bekannt als Johannisgürtel. In China wird er in verschiedenen Gebieten auch als Berg-Beifuß (chan ai) oder feiner Beifuß (sheng ai) bezeichnet. *Chiu* ist das chinesische Wort für Ausbrennen, hierzulande definiert als Gewebsverätzung durch brennen oder Ätzen mit einem heißen Eisen. *Aichiu* ist also eine chinesische Wärmebehandlung mittels Glut, im Westen allgemein als Moxibustion bekannt.

Akupunktur (Hsia Chen Pien) ist ein kalter Prozeß (Yin) und wird daher hauptsächlich im Kampf gegen Krankheiten genutzt, die auf eine zu starke Yang-Tendenz zurückzuführen sind, während Aichiu als warmes Heilmittel (Yang) zur Reduzierung einer zu starken Yin-Tendenz gebraucht wird.

Obwohl Aichiu eine völlig unabhängige Kunst ist und eine sehr lange eigene Tradition hat, war sie mit der Akupunktur über viele Jahrhunderte vereinigt. Beide können separat, aber auch gleichzeitig oder nacheinander angewandt werden.

Für Aichiu benötigt man die pulverisierten Blätter des Beifuß, doch nur der Flaum (der weiche, haarige Bewuchs an der Unterseite der Blätter) wird verwendet, indem man die Pflanze erhitzt und solange zwischen den Händen reibt, bis nur die dünnen Fasern übrigbleiben,

die wie Baumwollfäden aussehen. Früher wurde der Flaum auf die Haut des Patienten gelegt und angezündet, wo er dann schwelte, so daß genügend Hitze für die Behandlung entstand.
Leider hinterließ diese Art der Behandlung bei den Patienten sehr häßliche Narben, die noch bei vielen Angehörigen der älteren Generationen zu sehen sind. Die Gefahr der Verbrennung oder Versengung der Haut besteht heute jedoch nicht mehr, da eine neue Technik verwendet wird. Das Kraut wird in ein besonderes Papier eingewikkelt oder fest in sehr schmale Röhren gepreßt und dann angezündet, um die nötige Wärme zu erzeugen. Es wird nun aber nicht direkt mit der Haut in Kontakt gebracht, sondern dicht über einen bestimmten Punkt des zu behandelnden Meridians (Ching Hsien Tu) gehalten.
Da die Anwendung von Aichiu jedoch außergewöhnlich stark und sehr wirksam ist, gibt es bestimmte Körperpunkte, die weder mit dieser noch mit anderen Wärmebehandlungen behandelt werden dürfen.
Moderne Ärzte neigen zu der Annahme, daß die Aichiu-Wärmetherapie die Außenseite der Haut stimuliert. In dieser Einstellung offenbaren sich die Beschränkungen der westlichen Medizin, die das Vorrükken in eine Welt behindern, wo natürlicher Fortschritt dadurch erreicht wird, daß man dem Weg (Tao) folgt und somit dem vorbestimmten Weg all dessen, das in unserem Universum lebt und wächst.
Bei Aichiu wirkt die Wärme auf der Haut als Reiz und hilft den heilenden Eigenschaften des Krautes, tief einzudringen. Durch die erzeugte Wärme wird die innere Energie (Sheng Chi) angeregt, auf den Meridianen (Chin Hsein Tu) entlangzufließen und weiter zu den verschiedenen mit ihnen verbundenen Organen. Zusätzlich hierzu beeinflußt die Wärme auch das Blut und das Zellgewebe in der unmittelbaren Umgebung der behandelten Stelle, so daß die Zirkulation stark angeregt wird und die natürlichen Öle des Körpers an diese Stelle gezogen werden.
Beifuß hat mannigfache wohltuende Einflüsse auf den menschlichen Körper; diese Vielseitigkeit ist seine Haupteigenschaft. Es gibt jedoch eine Unannehmlichkeit bei dieser Behandlung, die auf das Brennen und Schwelen der Pflanze zurückzuführen ist, denn der aromatische Rauch kann ein wenig unangenehm sein für diejenigen, die ihn nicht gewöhnt sind. Darum ist es wichtig, das Zimmer gut gelüftet zu halten, doch ohne Zug aufkommen zu lassen.

Der Flaum des Beifuß wird üblicherweise zu bohnengroßen Kegeln, kleinen Bällchen, kurzen, dünnen Stangen oder Röhrchen geformt. Ihre Anwendung hängt vom Zustand des Patienten ab. Wird nur ein Wärmeeffekt gewünscht, werden lediglich die Stangen verwendet; wenn es sich jedoch um eine ernsthafte Beschwerde handelt, die stärkere Wärme erfordert, wird der Beifuß in Form eines Kegels oder Balles direkt auf die Haut gesetzt, und es ist gut möglich, daß drei bis fünf dieser Kegel oder Bällchen während einer Behandlung verbrannt werden, die bis zu zwanzig Minuten dauern kann.
Wollen wir das Wärmepotential des Beifuß jedoch erhöhen, wird pulverisiertes Meersalz (Hai Yen) auf die Haut der zu behandelnden Stellen aufgetragen, der Beifuß daraufgesetzt und zum Schwelen gebracht. Hierbei ist jedoch große Vorsicht erforderlich, denn das Seesalz wird sehr heiß und könnte Brandblasen verursachen.
Nach demselben Prinzip wird mit Ingwer (Chiang), Knoblauch (Ta Suan), Kohlblättern (Paitsai Ye), Tofu (Tatou Kanlao) und weiteren verfahren, wenn wir Beifuß und die gleichzeitig verwendeten Heilkräuter für eine spezielle Aufgabe einsetzen oder dafür, noch tiefer einzudringen oder die innere Energie des Körpers (Sheng Chi) stärker zu stimulieren, um dadurch ein besseres Ergebnis zu erzielen.

Das Schröpfen (Pa Hua Kuan)
Dies ist eine sehr einfache Methode zur Behandlung von Arthritis, Leibschmerzen, durch einen Schlag hervorgerufene Lähmung, Abszessen und anderen, durch kaltes Wetter und Erkältungen hervorgerufenen Krankheiten. Schwangere Frauen sollten mit dieser Methode jedoch nicht behandelt werden, da sie, ähnlich dem Ansaugen, auf einem sehr starken Ziehen basiert, das durch ein Vakuum bewirkt wird.
Allgemein können Tassen oder Gläser benutzt werden, die Verwendung von Schröpfgläsern ist jedoch heute gebräuchlicher. Es gibt sie in zwei Größen. Das größere ist für die fleischigen Teile des Körpers, die Oberschenkel etwa oder den Bauch, und für junge Leute bestimmt. Die kleineren werden bei weniger fleischigen Körperteilen angewandt, wie z. B. den Gelenken, oder bei alten und schwachen Personen oder Kindern. Früher benutzte man für diesen Zweck Bambus, dessen Enden auf sehr feinem Stein gerieben wurden, so daß die mit der Haut in Berührung kommende Fläche glatt war. Bambus hat den Vorteil, daß es die Wärme länger in dem Vakuum halten kann.

Der Behandelnde tränkt einen Wattebausch, einen Schwamm, Kräuter oder auch nur Papier in Alkohol. Das Material wird dann angezündet und mit einer Pinzette oder Zange in das Gefäß getan. Sobald der Sauerstoff im Glas aufgezehrt und eine bestimmte Temperatur erreicht ist, entsteht ein Vakuum. Das brennende Material wird dann zurückgezogen und der Rand des Schröpfglases auf den Körperteil des Patienten gesetzt, der für die Behandlung ausgewählt wurde. Voraussetzung ist natürlich, daß das Glas nicht zu heiß ist und keine Verbrennungen oder Schäden auf der Haut entstehen können.
In den meisten Fällen kann der Patient sich bei der Behandlung hinlegen. Die Behandlung dauert üblicherweise zehn bis fünfzehn Minuten. Im allgemeinen ist dann eine gute Durchblutung dieses Gebietes erreicht, wie leicht an den auf der Hautoberfläche erscheinenden rötlichen Streifen zu erkennen ist.
Die Tasse bzw. das Schröpfglas wird entfernt, indem man die Haut dicht daneben leicht herunterdrückt, so daß Luft einströmen kann und das Gefäß sich langsam seitwärts kippen läßt. Anschließend wird die Hautoberfläche mit etwas Öl (Sesamöl eignet sich am besten) oder Salbe eingerieben, um einen lindernden Effekt zu erzielen.

Blutiges Schröpfen (Hsieh La)

Dieses Verfahren entspricht dem normalen Schröpfen, die Haut wird dabei jedoch vorher leicht punktiert, so daß etwas Blut austritt. Anschließend wird der betreffende Körperteil sofort geschröpft, wobei eine beachtliche Menge Blut in das Gefäß gezogen wird. Dieses Verfahren wird jedoch nur bei schweren Schlaganfällen, hohem Blutdruck, Stichen und Schlangenbissen eingesetzt.

Aderlaß (Ch'ao Hsieh)

Der Aderlaß fällt nicht in den Bereich der Wärmebehandlungen (Wen Chiech'u) und wird nur deshalb hier erwähnt, weil seine Technik der des blutigen Schröpfens sehr ähnelt. Die Behandlung ist einfach und geschieht, indem man mit einer dreieckigen Nadel oder einem sogenannten Schnäpper feine Stiche in die Haut setzt, so daß diese Stellen ganz schwach bluten. Sie wird an bestimmten Punkten des Körpers vollzogen, um Beschwerden wie Sonnenstich, Hitzschlag, Kolik, Durchfall, Erbrechen, Abszesse, Nervenschock und einige körperliche Verletzungen zu bekämpfen. Zusätzliches Schröpfen ist hierbei nicht nötig, weil lediglich eine sehr kleine Blutmenge freigesetzt zu werden braucht.

Warme Bäder (Jo Hsi Tsao)

Ein warmes Bad ist ein wundervoller Beitrag zur Förderung guter Gesundheit, denn es hilft, Giftstoffe im Körper durch die Hautporen auszuscheiden, und indirekt durch die bei dieser Wärmetherapie hervorgerufenen Vibrationen. Die Nieren und die Leber erfahren beispielsweise durch die Wärme-Vibrationen eine indirekte Massage, die die Organe kräftigt und dadurch leistungsfähiger macht. Warme Bäder sind sehr entspannend und einem guten Schlaf sowie einer guten Blutzirkulation förderlich.

Solche Bäder eignen sich hervorragend bei Rheuma, Krämpfen, zu schwachem Kreislauf und innerem Blutandrang. Wenn Sie jedoch ein schwaches Herz haben, sollte das Badewasser lediglich warm und niemals heiß sein. Sie können zwischen fünfzehn und dreißig Minuten im Wasser liegen, wobei der ganze Körper von den Zehen bis zum Nacken immer unter Wasser sein sollte. Schaumstoff-Kopfstützen verhindern, daß Sie sich den Hinterkopf stoßen, und sind fast überall erhältlich. Rutschfeste Badewannenmatten eignen sich hervorragend für ältere Leute, die vielleicht fürchten, in der Badewanne auszurutschen.

Meersalzbäder (Haiyan Hsitsao)

Jeder weiß, wie wohltuend ein Bad im Meer bei bestimmten Leiden ist. Dieselben Resultate können Sie auch leicht zu Hause erzielen, wenn Sie dem Badewasser Meersalz zufügen. Dies hat hervorragende Wirkungen bei Störungen der Drüsentätigkeit, die sich üblicherweise als Fettleibigkeit zeigen. Meersalzbäder verbessern auch die Blutzirkulation und helfen bei der Behandlung von Schilddrüsenbeschwerden und Kropf.

Etwa drei bis vier Handvoll Meersalz sollten ausreichend sein. Den maximalen Nutzen erzielen Sie, wenn Sie das Meersalz vorher in einem Topf mit heißem Wasser auflösen und dann dem Bad zufügen. Verwenden Sie keine Seife oder Badesalz, denn dieses wird zu Schaum und schwimmt auf der Wasseroberfläche. Um eine wirkliche Hilfe gegen Ihre Beschwerden zu erreichen, sollten Sie zwanzig bis dreißig Minuten in dem Meersalzbad liegen.

Epsomer Bittersalzbäder (Hsieh Yen Hsi Tsao)
Epsomer Bittersalz können Sie preiswert in allen Apotheken kaufen. Sie brauchen davon lediglich zwei Becher voll in Ihr warmes Badewasser geben und zwanzig Minuten darin liegen. Danach sollten Sie Ihre Haut mit einer harten Bürste massieren, um den größtmöglichen Nutzen aus diesem Badezusatz zu ziehen. Lassen Sie anschließend das Wasser aus der Wanne und füllen Sie sie erneut mit warmem, sauberem Wasser, oder spülen Sie sich unter der Dusche gründlich ab. Trocknen Sie sich dann ab und gehen Sie direkt ins Bett. Bei Rheuma, Arthritis und Muskelkrämpfen haben diese Bäder hervorragende Wirkungen.

Ingwerbäder (Chiang Hsi Tsao)
Nehmen Sie ein Pfund Ingwerwurzelpulver, füllen Sie es in ein Baumwollsäckchen und binden Sie dieses mit einem Bindfaden zu. Legen Sie das Päckchen dann in einen mit vier bis acht Litern Wasser gefüllten Topf und lassen es dreißig Minuten kochen, wobei Sie gelegentlich das Päckchen mit einem Holzlöffel ausdrücken, so daß möglichst viel Ingwer in das Wasser kommt. Das kochende Ingwerwasser wird dann in das Badewasser geschüttet, worin Sie für zwanzig bis dreißig Minuten baden können. Das Bad empfiehlt sich ausgezeichnet bei Rheuma, Arthritis, Muskelkrämpfen, innerem Blutandrang oder Menstruationsproblemen.
Übrigens, schmeißen Sie das Päckchen anschließend nicht weg; Sie können es immer wieder verwenden, obwohl der Extrakt natürlich immer schwächer werden wird.

Grasbäder (Tsao Hsi Tsao)
Dies ist ein sehr altes chinesisches Mittel im Kampf gegen »Wasserkrankheiten«, wie wir sie nennen d. h. gegen Rheuma, Arthritis und Gicht. Schneiden Sie etwas Gras und legen Sie es in einen großen Behälter, den Sie anschließend mit Wasser füllen. Kochen Sie das ganze etwa dreißig Minuten, filtern Sie es anschließend durch ein Tuch und schütten Sie das Graswasser in Ihr Badewasser. Baden Sie zwanzig bis dreißig Minuten darin und spülen Sie sich anschließend mit sauberem Wasser ab. Trocknen Sie sich dann ab und gehen Sie sofort ins Bett. Ja, es ist wirklich wundervoll, was die Natur für uns tun kann.
Selbstverständlich gibt es noch viele andere alte chinesische Empfeh-

lungen, es ist jedoch unmöglich, sie alle in einem Buch dieses Umfangs aufzuführen.

Hüftbäder (Tat'ui Hsi Tsao)

Viele ältere Leute liegen nicht gerne in der Badewanne, einige fürchten sich sogar davor, und viele andere sind wegen ihres Gesundheitszustandes nicht dazu in der Lage. Sie können also nur im Wasser sitzen. Für sie, und für diejenigen, die an einem schwachen Herzen leiden, sind Hüftbäder der ideale Weg, um in den Genuß der Wärmetherapie zu kommen.

Es gibt spezielle Hüftbadewannen; wenn Sie jedoch keine kaufen wollen oder nicht genügend Platz haben, können Sie auch eine gewöhnliche Badewanne verwenden, wobei Sie das Wasser nur bis zur Taille steigen lassen. Wenn Sie Ihre Beine nicht ausstrecken können, sollten Sie einen niedrigen Stuhl in die Wanne stellen und sich daraufsetzen. Zwanzig bis dreißig Minuten sind ideal für ein Hüftbad. Sie müssen aber den Warmwasserhahn erreichen können, um das Wasser immer wieder aufzuwärmen, oder jemanden haben, der alle fünf Minuten hineinschaut und diese Arbeit für Sie erledigt. Ferner sollten Sie Ihren Oberkörper immer mit einem großen Badetuch warmhalten, damit Sie sich nicht erkälten können und auch die oberer Hälfte Ihres Körpers in den Genuß der Wärme und des Wasserdampfes kommt.

Kohlblätter (Pai Tsai Ye)

Verwenden Sie die äußeren Kohlblätter, die Sie sonst wegschmeißen würden. Nehmen Sie zwei Handvoll davon, schneiden Sie sie klein und kochen Sie sie in einem mit Wasser gefüllten geschlossenen Topf für etwa zehn Minuten. Schütten Sie das Wasser dann in Ihr Hüftbad, nachdem Sie die Blätter herausgefiltert haben. Dies hilft bei schmerzenden Gelenken, unregelmäßiger Menstruation und allen Formen von Krämpfen. Bei Unfruchtbarkeit oder weißem Scheidenausfluß muß das Wasser im Hüftbad sehr heiß sein. Sorgen Sie aber dafür, daß immer eine zweite Person anwesend ist, damit Ihnen nichts passieren kann, falls die Hitze des Badewassers zu groß sein sollte.

Kompressen (Ya So)

Kompressen und Umschläge sind eine weitere Form der Wärmebehandlung, die auf einer ziemlich kleinen Körperfläche angewandt wird, jedoch, abhängig vom Einfluß der verwendeten Heilpflanzen, unterschiedlich tief eindringen kann. Einige haben die Eigenschaft, Schmerzen aus dem Körper herauszuziehen, während andere zur Beruhigung und Linderung oder zur inneren Stimulation angewandt werden.

Zwiebelumschläge (Ts'ung Pa)

Die Zwiebeln werden sehr klein gehackt und zwischen zwei Tüchern auf den Nacken gelegt. Erkältungen, Kopfschmerzen und sogar Ohrenschmerzen können damit behandelt werden. Dieser Umschlag stimuliert auch die Nieren, wenn er in dieser Region aufgelegt wird. Um den Druck bei Herzbeschwerden zu lindern, sollten die Umschläge auf die Waden gelegt werden.

Wenn man die Zwiebeln erhitzt – sie in wenig Fett schnell zu braten, ist in diesem Fall die beste Methode –, bevor sie zwischen die Tücher kommen, wird die Blutzirkulation stark angeregt, besonders dort, wo der Umschlag aufgelegt wird. Ausgezeichnete Wirkungen zeigen sich daher bei Krampfadern, Gicht, Arthritis, Magenschmerzen und menstruellen Krämpfen.

Knoblauchumschläge (Suan Pa)

Hacken Sie die Knoblauchzehen sehr fein oder zerquetschen Sie sie, bedecken Sie ein weiches Tuch mit einer bis zu 0,6 cm starken Schicht davon und legen Sie ein zweites Tuch darüber. Denken Sie daran, daß Knoblauch die Haut verbrennen und/oder Blasen verursachen kann, wenn er mit der Haut direkt in Kontakt kommt. Dieser Umschlag eignet sich hervorragend bei Grinden, Beulen, Abszessen und anderen Hautproblemen. Wird der Knoblauch in der Pfanne erhitzt, bevor er als Kompresse zur Anwendung kommt, zeigt er sehr gute Wirkung bei der Behandlung von Brustkrebs.

Bei Keuchhusten, Bronchitis und trockenem Husten werden die Knoblauchumschläge auf die Fußsohlen gelegt und ein Paar alte Socken darübergezogen, damit sie während der Nacht nicht verrutschen. Die Kompressen können immer mehrmals verwendet werden.

Ingwerkompressen (Chiang Ya So)

Schütten Sie etwa 125 Gramm Ingwerpulver auf ein kleines Tuch, binden Sie es mit einem dicken Faden zusammen und tauchen es in

zwei Liter kochendes Wasser. Lassen Sie es bei kleiner Hitze zwanzig Minuten kochen. Nehmen Sie dann ein anderes Tuch und tauchen Sie es in das Ingwerwasser. Wringen Sie das Tuch aus und legen Sie es auf die betroffene Stelle. Um die Wärme zu halten, legen Sie ein weiteres Tuch oder ein Stück Plastik auf. Noch besser wäre eine Wärmflasche. Tauchen Sie das Tuch alle drei Minuten in das Wasser, drücken Sie es aus und legen Sie es wieder auf. Wiederholen Sie diesen Vorgang über einen Zeitraum von fünfzehn bis zwanzig Minuten.
Die Ingwerkompresse hilft sehr gut bei Gelenkschmerzen, Muskelverspannungen und -krämpfen, Nierenbeschwerden, Menstruationsbeschwerden und Krebs, ausgenommen Gehirntumor. Sie eignet sich ebenfalls hervorragend bei Hämorrhoiden, Lepra, Blinddarmentzündung und Unfruchtbarkeit.

Kohlumschlag (Paits'ai Jetien)
Nehmen Sie ein Blatt von der Außenseite des Kohls, schneiden Sie den dicken mittleren Strunk heraus und streichen Sie mit einem elektrischen Bügeleisen über das ganze Blatt, bis die Oberfläche so glatt wie Seide ist. Legen Sie es dann, während es noch warm ist, so schnell wie möglich auf die schmerzende Körperstelle. Diese Behandlung ist ideal bei Schmerzen, die durch Fallen oder Stoßen verursacht wurden, Prellungen, Rheuma, Muskelverspannungen, Arthritis, Gicht und Schwellungen in den Gelenken. Wenn Sie das heiße Kohlblatt mit einer Bandage festhalten, können Sie damit zu Bett gehen und es erst am nächsten Morgen entfernen. Die Behandlung kann täglich und über einen beliebig langen Zeitraum erfolgen.

Sojabohnenquark-Umschlag (Ta Tou Fu Kaoyao)
Streichen Sie den warmen Sojabohnenquark etwa 0,6 cm dick auf ein Tuch und legen Sie es auf die gewünschte Stelle. Bedecken Sie es dann sofort mit einem anderen Tuch oder einem Stück Plastik. Dieser Umschlag eignet sich besonders gut bei allgemeinen Schmerzen sowie bei entzündeten Gelenken oder anderen entzündeten Körperstellen.
Wenn Sie die Wärme des Umschlages oder der Kompresse über einen längeren Zeitraum erhalten wollen, legen Sie eine Wärmflasche auf das Tuch. Wenn Sie es wünschen, können Sie den Umschlag durch eine Bandage befestigen und so die ganze Nacht über aufgelegt lassen.

Wärmflaschen (Je Shui P'ing)
Diese können immer genutzt werden, um die Muskeln eines bestimmten Körperteiles zu entspannen oder zur Linderung vieler Schmerzen, einschließlich menstrueller Krämpfe. Eine Wärmflasche unterstützt auch die allgemeine Blutzirkulation und ist aus diesem Grund vortrefflich wirksam, wenn sie unter die Fußsohlen eines Arthritiskranken gelegt wird. Das hierdurch hervorgerufene Schwitzen zeigt an, daß die Wärmflasche ihre Aufgabe erfüllt, und ist gut für die betreffende Person.

Kräuter (Tsao)
Es gibt Hunderte hervorragend für die Wärmetherapie geeigneter Kräuter, und jedes hat seinen eigenen speziellen Wert und Verwendungszweck. Die Chinesen haben das Interesse an den natürlichen Heilmethoden niemals verloren, und auch im Westen wird das Interesse daran von Tag zu Tag wieder stärker. Das Alte schafft die Voraussetzungen für das Neue. In China haben wir ein altes Sprichwort: »Die sicherste Art, Fortschritte zu machen, ist, wenn Sie einen Schritt vorwärts und zwei Schritte zurückgehen.«

Andere Methoden der Wärmebehandlung
Zusätzlich zu den bereits erwähnten Methoden der Wärmebehandlung zur schnelleren Wiederherstellung der Gesundheit gibt es zwei weitere Methoden. Beide werden seit frühester Zeit und bis zum heutigen Tage genutzt.
Bei der ersten Methode wird eine Messingkelle verwendet, in der sich ein Kupferdrahtgeflecht befindet. Auf das Drahtgeflecht legt man einige getrocknete Beifußblätter und zündet sie an. Die Blätter verbrennen sehr langsam, aber sobald die Kelle warm wird, legt man ein Stück Baumwollgaze oder etwas Stoff auf die betroffenen Körperstellen und streicht mit dem unteren Teil der Kelle sanft über die Gaze oder den Stoff, so daß die Wärme langsam eindringen kann. Diese besondere Art der Wärmebehandlung hat einen sehr wohltuenden und lindernden Effekt.
Nun zur zweiten Methode. Können Sie sich an die alten Bettwärmer erinnern, die im Westen einmal sehr beliebt waren und wie ein Bräter mit einem Deckel darauf aussahen? In China haben wir etwas ähnliches, nur sehr viel kleiner. Die Schale ist nicht größer als eine Handfläche und hat einen aufklappbaren Deckel. Sie wird mit der

warmen Asche eines Feuers gefüllt und in gleicher Weise über den mit Gaze oder Stoff bedeckten Körperteil gestrichen wie bei der Behandlung mit der Kelle. Beide Methoden werden auch heute noch in China sehr häufig zur Wärmetherapie angewandt.

Zum Schluß kommen wir zu den kalten Kompressen. Es mag Ihnen seltsam erscheinen, daß unsere Wärmebehandlungen die Verwendung von kaltem Wasser oder Eispackungen einschließen, aber Theorie und Prinzipien dieser Praxis sind nach wie vor die von Yin und Yang geschaffenen allgemeingültigen Grundlagen. Wärme (Yang) kann nach innen (Yin) dringen und aufgenommen werden, doch kann der Körper (Yin) die Wärme auch durch Ausdünstung oder einen gewissen Zwang nach außen (Yang) abgeben. In diesem letzteren Fall wirken kalte Kompressen temperatursenkend und können auch zu innerer Kontraktion führen.

10. Anmo – Taoistische Massage

Wenn Sie frieren, werden Sie auf ganz natürliche Weise versuchen, Wärme durch das Reiben bestimmter Hautpartien, z. B. Ihrer Hände und Arme, zu erzeugen. Genauso ist es, wenn Sie Schmerzen in einem Gelenk haben. Sie werden ganz automatisch das Gelenk reiben oder es auf irgendeine Weise bewegen. Sollten Sie sich einen Muskel verzerrt haben, werden Sie ganz selbstverständlich versuchen, die Spannung irgendwie durch Massieren der betreffenden Körperstelle zu lösen. Solche automatischen Reaktionen sind für alle Menschen völlig natürlich. Sie helfen Ihnen, Kälte, Schmerzen und Streß jederzeit zu bewältigen, auch dann, wenn Sie von Massage überhaupt keine Ahnung haben.

Die heilende Massage wird in China tatsächlich bereits seit Tausenden von Jahren praktiziert. Es waren die »Söhne des reflektierenden Lichtes« (Fankuang Tzu), die uns gelehrt haben, wie wir unsere Hände richtig nutzen können, um den Körper anzuregen oder zu beruhigen. Als man erst einmal den tiefen Sinn dieser Kunst begriffen hatte, war es ganz selbstverständlich, hier auf verschiedenen Gebieten weiter zu forschen. Es entwickelten sich die Techniken der Akupressur (Tien Chen) und schließlich die Akupunktur (Hsia Chen Pien). Solch gründliche Forschungen führten zur Entdeckung und Nutzbarmachung der Energiekanäle, die heute als Meridiane bekannt sind. Man fand heraus, daß es, abhängig von den angewandten Techniken oder von den Punkten, möglich war, bestimmte Stellen auf der Hautoberfläche anzuregen oder zu beruhigen, die ihrerseits wiederum gewisse Einflüsse auf die inneren Organe ausüben. Diese Heilkünste also waren ebenfalls völlig natürlich und für eine Yin- und Yang-Behandlung geeignet.

Obwohl die Formen der chinesisch-taoistischen Massage sehr einfach sind, sind sie doch sehr effektiv. Sie haben sich immer wieder als sehr dynamische Therapieform erwiesen und sich als solche unter den Heilkünsten Chinas etabliert.

Taoistische Massage (Anmo) wurde an chinesischen Heilschulen viele Jahrhunderte lang unterrichtet. Während der Sung-Periode

(960–1276) wurde sie jedoch so drastisch vernachlässigt, daß es lange Zeit dauerte, bis sie wieder in den Lehrplan der damaligen Zeit zurückkehrte. Als sie sich jedoch wieder etabliert hatte, dauerte es nicht lange, bis sie erneut in Verbindung mit all den anderen Behandlungsmethoden genutzt wurde. Taoistische Massage wird heute als ganz eigenes Fach unterrichtet. Dies hat den deutlichen Vorteil, daß sie völlig unabhängig von anderen Behandlungsmethoden gebraucht werden kann und doch mit Ch'ang Ming (taoistische Diät für ein langes Leben) und Ts'ao Yao (Heilkräuter-Therapie) harmonisiert. So wird ein Gleichgewicht zwischen Yin und Yang erreicht, und zwar durch die in diesem Fall gleichzeitig innerlich und äußerlich wirksame Therapie. Dadurch beschleunigt sich der Heilungsprozeß.

Anmo kann die gefährlichen Folgen von Fettgewebe beheben, die Sehnen stärken, Krämpfe und krampfartige Zustände mildern und bei Rheuma, Arthrose, rheumatischer Arthritis, chronischen Rückenbeschwerden, Nervenlähmung sowie Multipler Sklerose helfen. Sie kann die Spannung steifer Glieder vermindern und die Widerstandskraft des Körpers gegen Erkältungen, Fieber, Schnupfen, Husten und Asthma verbessern sowie Durchfall, Verstopfung, Verdauungsstörungen, Magengeschwüre, Versagen der Harnausscheidung und Leistenbruch bekämpfen. Sie wirkt gegen Kopfschmerzen, Migräne, Gesichtslähmungen und kann, abhängig von den angewandten Techniken, den Chi-Fluß (Vitalenergiefluß) entlang der Meridiane und zu den verschiedenen Organen des Körpers beruhigen oder anregen. Der Blutkreislauf und das Atmungssystem können auf gleiche Weise beeinflußt werden.

In Anbetracht all dessen kann es ohne Zweifel als richtig gelten, daß Anmo in hervorragender Weise das Verdauungs- und Ausscheidungssystem beeinflußt und dem Körper durch Kräftigung der Muskeln und des Gewebes zu besserer Gesundheit und größerer Aktivität verhilft. Hierdurch wiederum wird der Körper in die Lage versetzt, alle möglichen inneren Krankheiten und Infektionen zu bekämpfen. Das läßt ihn mit größerer Kraft und besserer Gesundheit Kälte, Hitze und Bakterien widerstehen. In China ist die taoistische Massage zur Behandlung aller Altersgruppen weit verbreitet.

Mit Genugtuung stellen wir fest, daß die taoistische Massage (Anmo) nicht nur innerhalb der chinesischen Ärzteschaft ihren rechtmäßigen Platz einnimmt, sondern daß auch außerhalb Chinas Ärzte und alternative medizinische Gruppen diese sehr alte Kunst in großem Umfang übernommen haben. Unterrichtet wird sie bereits in England, Wales, Frankreich, Deutschland und Holland; aber Anfragen von Leuten, die es sich zur Lebensaufgabe machen, anderen bei der Bewältigung unserer Zivilisationskrankheiten zu helfen, erreichen uns aus der ganzen Welt.

Die Techniken

Taoistische Massage (Anmo) ist unterschieden in zwei Hauptgruppen. Wie alles in der taoistischen Philosophie entspricht auch jede dieser Gruppen den Prinzipien des Tao, getreu dem Dualismus von Yin und Yang, der wiederum die fünf Gesetze der natürlichen Elemente (Wu Hsing) umfaßt. Die heilende Massage unterteilt sich in folgende Gruppen und Techniken:

Anregende (Yang-)Techniken:

1. Greifen
2. Kneten
3. Kneifen und Ziehen
4. Reiben/Streichen
5. Klopfen

Beruhigende (Yin-)Techniken:

1. Pressen
2. Kreisen
3. Rollen
4. Wischen und Kratzen
5. Schieben

Es wird Sie vielleicht überraschen, in dieser Auflistung nur so wenige Techniken zu finden; bedenken Sie aber, daß jede der zehn Techniken viele individuelle Untergruppen hat. Beim Reiben/Streichen gibt es zum Beispiel sechs weitere unterschiedliche Techniken, die alle ganz bestimmte Aufgaben erfüllen. Sie können davon ausgehen, daß sie schon für sich genommen außerordentlich nützlich sind, zusammen mit der Diät- und der Heilkräuterlehre der taoistischen Künste ist ihr Erfolg bei der Heilung vieler ernsthafter Erkrankungen jedoch beinahe unglaublich.

Alle an taoistischer Massage ernsthaft Interessierten sollten sich zuerst einmal mit dem inneren und äußeren Diagnosesystem vertraut machen. Zweitens sollten sie über ein gut fundiertes Wissen über die

die Meridiane ständig durchfließende Chi-Energie, die Richtung des Chi-Flusses sowie über die Druckpunkte und Energiezentren verfügen. Drittens ist es außerordentlich wichtig, daß die Finger, Hände, Handgelenke und Arme durch ständige Übungen gekräftigt werden. Das Ziel hierbei ist nicht, sie stärker und härter zu machen, sondern geschmeidiger und beweglicher.

Sobald Sie damit beginnen, die taoistische Massage an sich selbst oder Ihren Freunden durchzuführen, werden Sie feststellen, wie wichtig es ist, täglich ein paar Übungen zur Stärkung Ihrer Finger, besonders der Zeige- und Mittelfinger sowie der Daumen, durchzuführen. (Siehe Abb. 13) Dies geschieht ganz einfach durch das tägliche, wenigstens zwei- bis dreiminütige Biegen der Finger. Anschließend sollten Sie die Finger für weitere zwei Minuten fest auf einen Tisch oder sonst irgendeine harte Unterlage pressen. Eine andere Möglichkeit besteht darin, während der täglichen Übungen die Finger beider Hände und die Daumen gegeneinander zu pressen.

Die Handgelenke sollten regelmäßig vor- und wieder zurückgebogen werden. Ferner sollten Sie versuchen, Ihren Griff zu kräftigen, indem Sie die Hände so fest wie möglich zu Fäusten ballen. Als ich damit begann, diese Kunst zu erlernen, trug ich zwei sehr kleine Gummibälle in meinen Taschen und drückte sie abwechselnd mit jeder Hand so fest wie möglich im Rhythmus meiner Schritte, während ich die Straße hinunterging. Wie Sie selbst herausfinden werden, ist es sehr wichtig, anfangs jeden Tag ein paar leichte Übungen so oft wie möglich, wenigstens aber vier- bis fünfmal täglich, auszuführen.

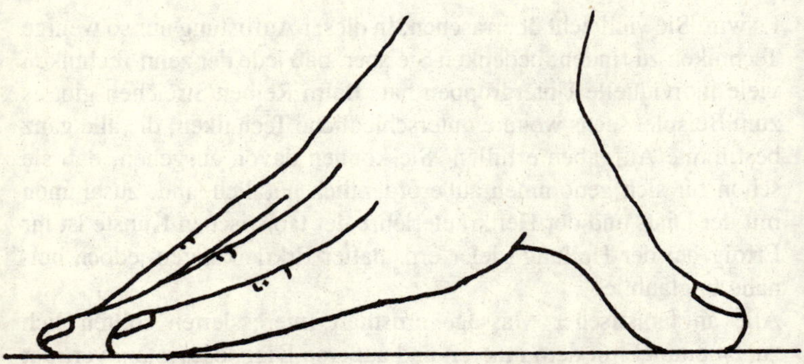

Abb. 13: Übung zur Kräftigung der Daumen

Üben Sie jetzt mit den Fingern und den Daumen, indem Sie, wie in Abb. 14 gezeigt, eine Hand gegen die andere pressen.

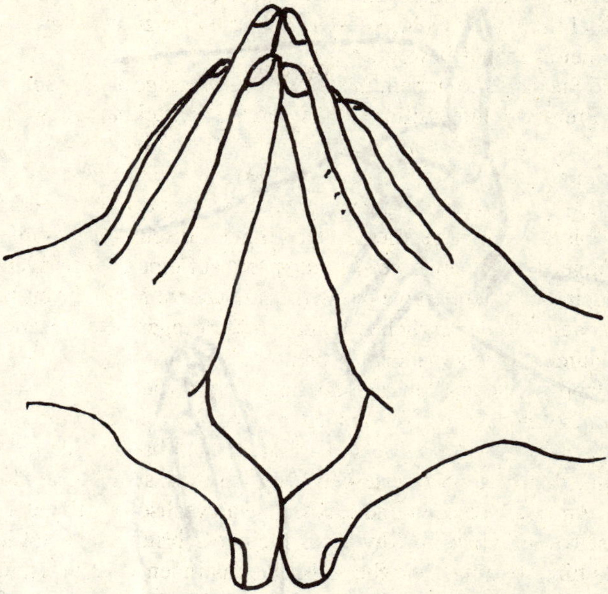

Abb. 14: Fingerübung Nr. 1

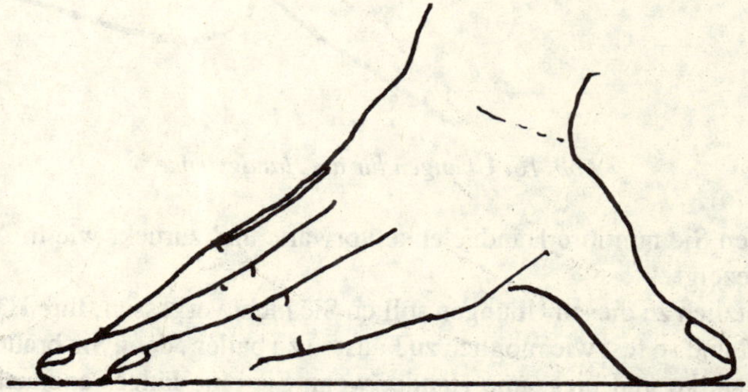

Abb. 15: Fingerübung Nr. 2

Abb. 15 zeigt, wie Sie fest gegen eine harte Unterlage pressen können, um ihre Hände zu kräftigen. Übertreiben Sie jedoch am Anfang nichts.

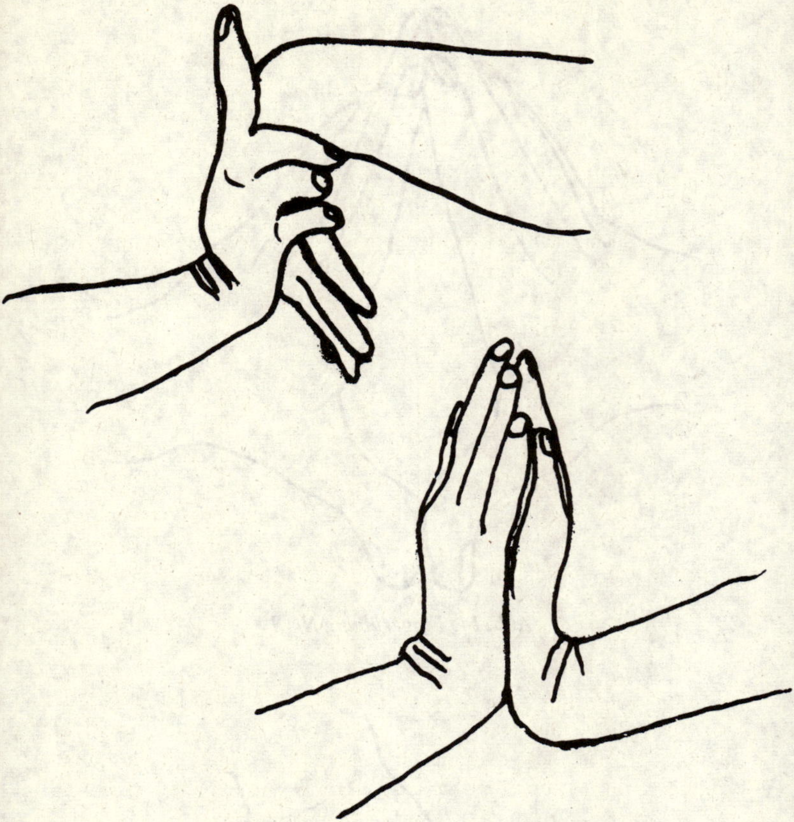

Abb. 16: Übungen für die Handgelenke

Biegen Sie nun ihre Handgelenke vorwärts und zurück, wie in Abb. 16 gezeigt.

Zusätzlich zu diesen Übungen sollten Sie nicht vergessen, Ihre Hände so oft und so fest wie möglich zu Fäusten zu ballen, denn Sie brauchen sehr starke und biegsame Hände, wenn Sie eine länger andauernde Massage geben wollen. Im alten China trainierten die Schüler ihre

Hände und Handgelenke, indem sie ihre Massagetechniken auf mit Reis oder Körnern gefüllten Säcken ausübten. Die Körner oder den Reis mit bloßen Händen zu enthülsen, war ein harter aber sehr effektiver Weg zur Kräftigung der Finger, Daumen und Handflächen.

Wichtig, und nicht zu vergessen bei der taoistischen Massage, ist die Tatsache, daß es dabei nicht nur darum geht, die Muskeln und Bänder zu bewegen, um sie von Spannungen zu befreien. Wenn jemand Schmerzen im Rücken hat, muß das nicht unbedingt heißen, daß Sie die betreffende Stelle auf dem Rücken massieren müssen. Sie müssen völlig sicher sein, daß der Punkt oder die Körperregion, die Sie massieren wollen, mit der schmerzenden Stelle korrespondiert, daß die Massagerichtung zu einem Wechsel in der Verteilung und dem Gleichgewicht der Ch'i-Energie führt und daß das Körperorgan das richtige für den betreffenden Körperteil bzw. die Region ist. Mit anderen Worten, alles was Sie tun, muß völlig mit den Erfordernissen des Körpers übereinstimmen und im Einklang mit den Prinzipien des Yin und Yang sein.

Die taoistische Massage ist keine »aufs Geratewohl«-Angelegenheit, sondern eine sehr präzise Kunst mit einem tiefen Wissen über den menschlichen Körper und die natürlichen Gesetze des Universums, wie sie durch das Tao ausgedrückt wurden. Wenn z. B. im Körper ein Yin-Einfluß vorherrscht, der sich in einem Mangel an Energie, wenig Aktivität, Lethargie und einem Schwanken des inneren Rhythmus äußert, muß diesem durch einen Yang-Einfluß begegnet werden. In der taoistischen Massage geschieht dies durch stimulierende Techniken. Umgekehrt spiegelt der Yang-Einfluß im menschlichen Körper sich in einem Übermaß an Energie, gesteigerter Aktivität, Schmerzen jeglicher Art und einem sehr starken Energiefluß. Hier werden demzufolge Yin-Techniken eingesetzt. Konkret bedeutet das, den überlasteten Organismus zu besänftigen und zu beruhigen.

Da die Bandbreite taoistischer Massagetechniken sehr weitreichend und umfassend ist, ist es hier nur möglich, einen Umriß der Hauptgruppen zu geben.

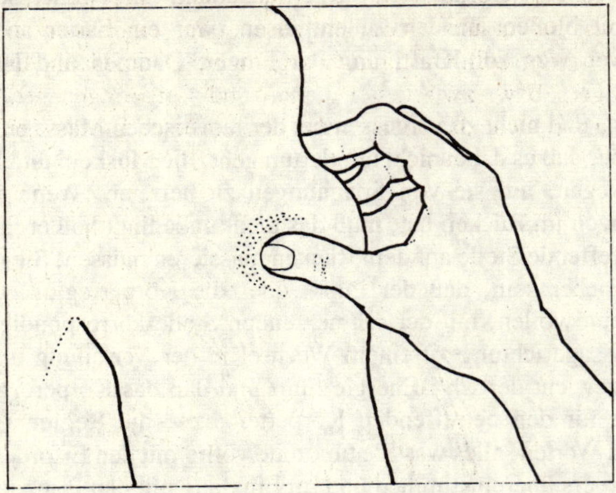

Abb. 17: Greifen (Chua-Fa)

Die Muskelstränge am Nacken, den Schultern, unter den Armen, an den Seiten des Körpers, vor den Eingeweiden und der Blase, am Gesäß und den Beinen können zwischen Daumen und Zeigefinger gegriffen werden (Abb. 17). Der Muskelstrang wird dann angehoben und geschüttelt oder vibriert, was kräftigend und anregend ist.

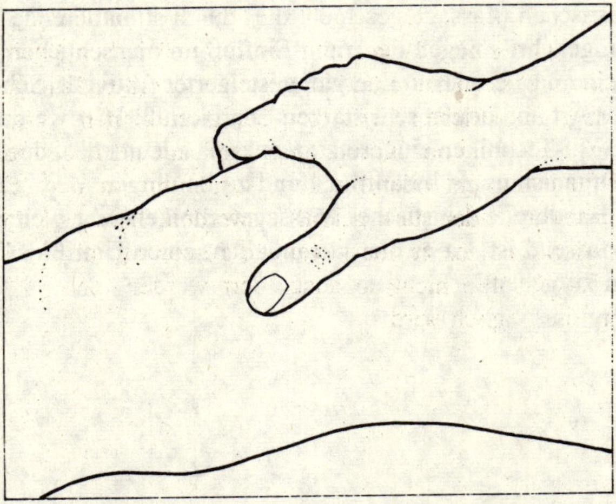

Abb. 18: Kneten (Jou-Fa)

Das Kneten ist geeignet für Gesicht, Bauch, Arme und die unteren Gliedmaße des Körpers. Sie kann auch dann angewandt werden, wenn das Gebiet um eine Schwellung oder einen Tumor herum massiert werden soll. Das Fleisch wird zwischen der Handwurzel und den Fingern bzw. zwischen Daumen und Zeigefinger gefaßt und dann, ähnlich wie das Kneten des Teiges beim Brotbacken, massiert.

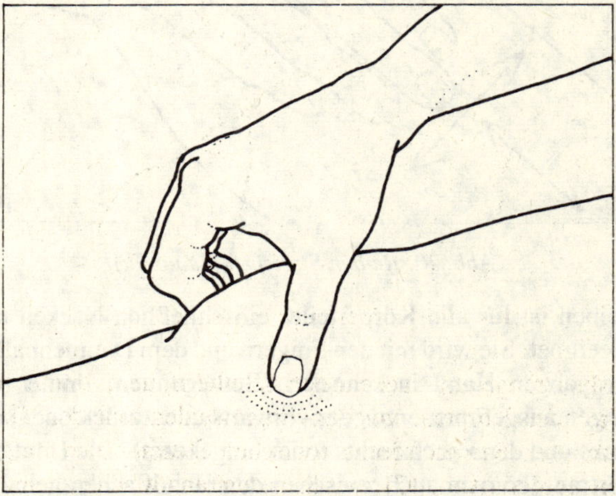

Abb. 19: Kneifen und Ziehen (Chia-La-Fa)

Die Haut und/oder die Muskelstränge werden zwischen Daumen und den Fingern gefaßt. Haut oder Muskelstrang werden dann gezogen, bis sie dem eigentlichen Griff bzw. Kniff entgleiten. Das Ziehen erfolgt immer weg vom Körper und kann auf allen Körperteilen, einschließlich Gesicht oder Nacken, ausgeführt werden. Es kann sanft, mittelstark oder stark gekniffen werden. Dies hängt von der Körperregion und der zu massierenden Person ab, aber selbst der stärkste Kniff sollte nicht so ausgeführt werden, daß es für den Patienten unerträglich wird.

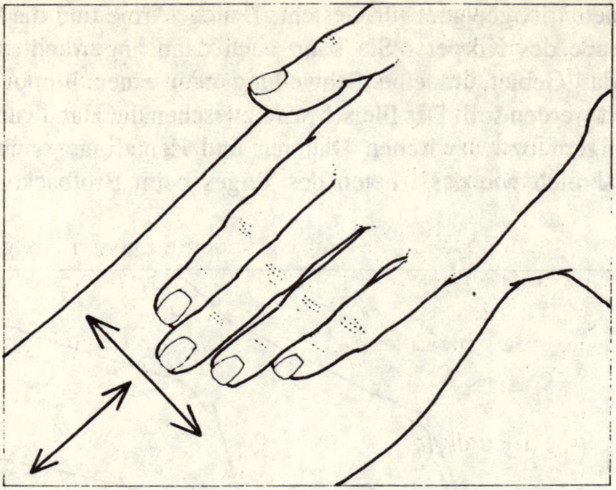

Abb. 20: Reiben/Streichen (Ts'uo-Fa)

Das Reiben ist für alle Körperteile, einschließlich Nacken und Gesicht, geeignet. Sie wird mit den Fingern und dem Daumenballen oder mit der ganzen Hand in schnellen Bewegungen, immer in zwei Richtungen ausgeführt: entweder vorwärts und zurück oder seitwärts nach links und dann nach rechts (oder umgekehrt). Die Haut oder der Muskelstrang können auch zwischen den Handflächen gehalten und vor und zurück bewegt werden, dies jedoch nur bei Erwachsenen.

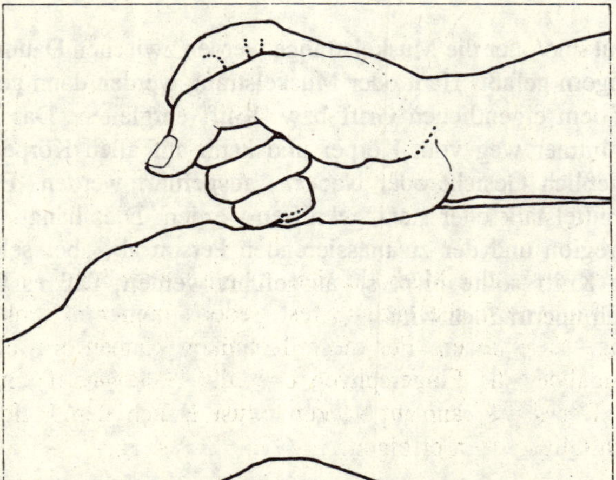

Abb. 21: Klopfen (P'ai-Fa)

Der Grad der angewandten Kraft kann bei dieser besonderen Gruppe der Massagetechniken beachtlich variieren. Sie werden entweder direkt auf der Haut der zu massierenden Person ausgeführt (Abb. 21) oder indirekt, indem Sie Ihre Hand auflegen und dann auf Ihren eigenen Handrücken klopfen. Bei Kindern ist die Anwendung der Klopftechniken streng verboten.

Die zuvor beschriebenen fünf Hauptgruppen umfassen das gesamte Muskelsystem (Hsing Fen). Es sind alles Yang-Techniken. Wir kommen jetzt zu den sedierenden (Ch'en Ching-)Methoden, die im völligen Gegensatz hierzu stehen, denn es sind alles Yin-Techniken.

Beruhigende Techniken

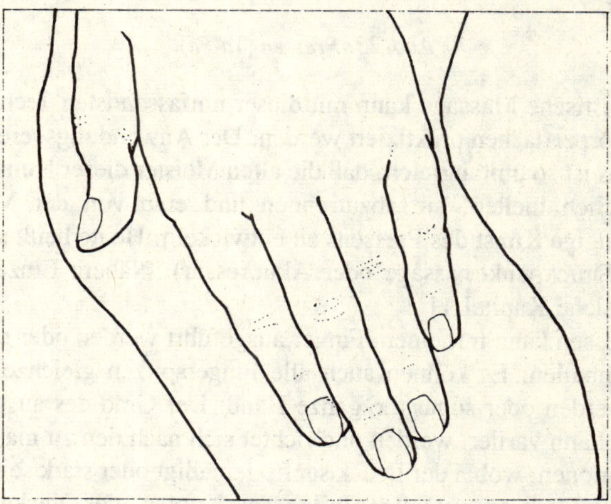

Abb. 22: Schieben (T'ui-Fa)

Dies ist eine einfache Methode, denn es gilt weiter nichts zu tun, als auf der Hautoberfläche entlang fest, jedoch immer in senkrechter Richtung, zu schieben. Für diese Techniken können entweder die Daumenballen, die Fingerspitzen oder die Handwurzel eingesetzt werden. Der Druck kann auf Nacken, Brust, Bauch, dem Hüftbereich oder den Gliedmaßen erfolgen.

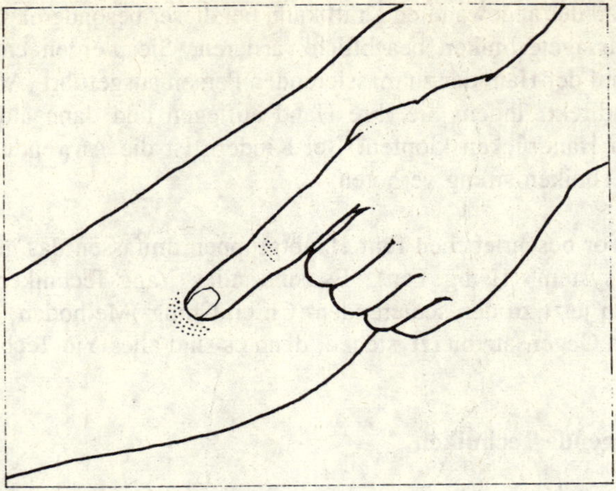

Abb. 23: Pressen (Ya-Fa)

Die taoistische Massage kann mit dieser umfassendsten Technik auf allen Körperflächen praktiziert werden. Der Anwendungsbereich des Pressens ist so umfangreich, daß die alten Meister dieser Kunst es für erforderlich hielten, sie abzutrennen und eine von der Massage unabhängige Kunst des Pressens zu entwickeln. Heute heißt sie Tien Chen (Druckpunktmassage oder Akupressur). Nähere Einzelheiten hierzu siehe Kapitel 11.

Das Pressen kann mit einem Finger ausgeführt werden oder mit dem Daumenballen. Es können auch alle Fingerspitzen gleichzeitig benutzt werden oder sogar die ganze Hand. Der Grad des ausgeübten Drucks kann variiert werden und richtet sich nach den zu massierenden Regionen, wobei der Druck sanft, gemäßigt oder stark sein kann. Die Technik kann auf allen Teilen des Kopfes, des Nackens, der Gliedmaßen und des Rumpfes angewandt werden.

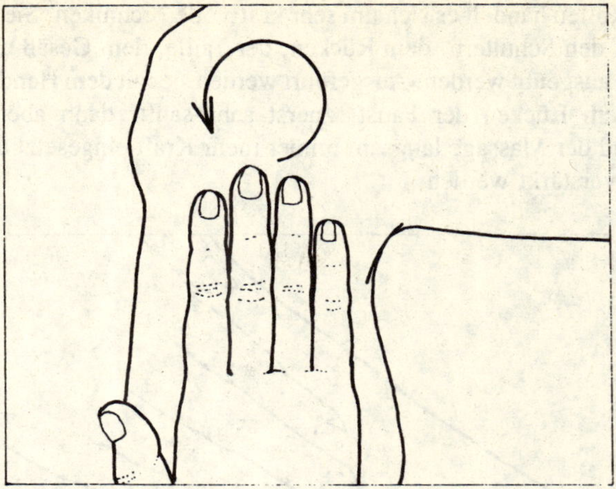

Abb. 24: Kreisen (Chuan-Fa)

Diese Techniken eignen sich vortrefflich für alle Gelenke, bei Schwellungen und bei Tumoren. Die Seite des Daumens oder die Fingerspitzen führen eine kreisende, fließende Bewegung um die Gelenke, Schwellungen oder Tumore herum aus. Die Technik des Kreisens eignet sich auch besonders gut für den Brustkasten sowie für den Unterleib.

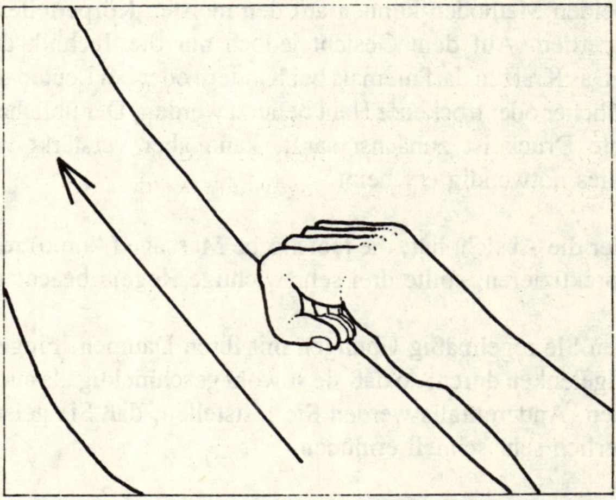

Abb. 25: Rollen (Kunpao-Fa)

Beim Rollen handelt es sich um sehr kraftvolle Techniken. Sie sollten nur auf den Schultern, dem Rücken, der Taille, dem Gesäß und den Beinen ausgeübt werden. Ausgeführt werden sie mit dem Handrücken oder dem Rücken der Faust, zuerst sehr sanft, dann aber sollte während der Massage langsam immer mehr Kraft eingesetzt und der Druck verstärkt werden.

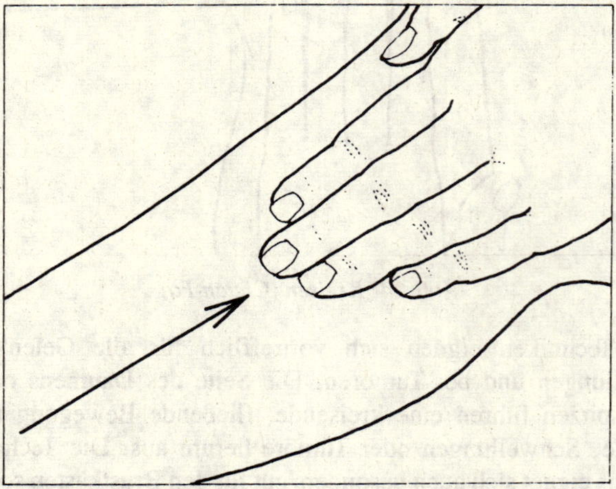

Abb. 26: Wischen und Kratzen (Ts'a-Fa)

Diese beiden Methoden können auf den meisten Körperteilen angewandt werden. Auf dem Gesicht jedoch nur die Technik des Wischens. Das Kratzen darf niemals bei Kindern oder bei Leuten mit sehr empfindlicher oder trockener Haut benutzt werden. Der üblicherweise ausgeübte Druck ist zunächst sanft, kann aber verstärkt werden, sofern dies notwendig erscheint.

Jeder, der die Absicht hat, die taoistische Massage (Anmo) regelmäßig zu praktizieren, sollte drei sehr wichtige Regeln beachten:

1. Führen Sie regelmäßig Übungen mit Ihren Daumen, Fingern und Handgelenken durch, so daß sie sowohl geschmeidig als auch stark werden. Anderenfalls werden Sie feststellen, daß Sie geistig und körperlich sehr schnell ermüden.

2. Geben Sie immer ein wenig Öl oder Creme auf die zu behandelnden Körperteile des Patienten und vergewissern Sie sich, daß das verwendete Öl oder die Creme vom Körper vertragen wird.
3. Massieren Sie niemals direkt die schmerzenden Stellen des Patienten.

Das »Nei Ching« erwähnt den Nutzen der taoistischen Massage bei vielen Gelegenheiten. Hier einige Empfehlungen daraus:

1. Die Menschen im Zentrum Chinas neigen dazu, unter Lähmungen, Erkältungen und Fieber zu leiden. Dies kann durch die Ausführung von Anmo, Tao Yin (taoistische Atemtherapie), K'ai Men (taoistisches Chi Kung, bekannt auch als taoistisches Yoga) und T'ai Chi Ch'uan (die »Höchste Erkenntnis«) leicht bekämpft werden.
2. Sollte die Blutzirkulation aufgrund eines Schocks oder nervöser Beschwerden beeinträchtigt sein und dabei das Feingefühl verlorengehen sowie Taubheit im Körper auftreten, ist eine Heilkräutertherapie (Ts'ao Yao) und Massage (Anmo) anzuwenden, um die Krankheit zu heilen.
3. Wenn im Körper nicht genügend Energie vorhanden ist, muß man zuerst mit der Hand fühlen, um dem Kreislauf nachzuspüren und gleichzeitig um zu klären, ob ein hoher oder ein niedriger Energiefluß innerhalb des Organismus herrscht. Wenn herausgefunden worden ist, wo genügend und wo nicht genügend Energie vorhanden ist, wird Anmo entsprechend angewandt.

Der äußere Aspekt (Yang)
Dieser umfaßt das Muskelsystem und die Gelenke des Körpers und erfordert sowohl Yin- als Yang-Techniken. Im Fall körperlicher Ermüdung, Taubheit in den Gliedern oder einem sehr schwachen Muskelsystem ist es wichtig, stimulierende (Yang-)Techniken anzuwenden. Treten jedoch Schmerzen, Streß oder psychische Anspannungen auf, müssen selbstverständlich sedierende (Yin-)Techniken benutzt werden.

Der innere Aspekt (Yin)
Die Menschen der westlichen Welt haben zunächst Schwierigkeiten, diese Methoden zu verstehen und sie voll anzuerkennen. Über die Jahrtausende hinweg haben sich die mit diesen Methoden erzielten Resultate aber als vollkommen dynamisch erwiesen.

Anregung (Yang)

Sie dient der vollen Aktivierung des Energieniveaus in den zwölf Organen und den acht Hauptzentren des menschlichen Körpers. Sie versetzt den Masseur (Anmo Shih) oder die Masseurin (Anmo Nu) in die Lage, die Energiereserven während niedriger oder schwacher Perioden zu verstärken und die Ermüdung zu bekämpfen, die während der Yin-Zeiten des Jahres auftreten kann.

Beruhigung (Yin)

So erstaunlich es auch scheinen mag, sie versetzt den Praktiker in die Lage, Schmerzen zu lindern, die durch Krankheit oder andere Beschwerden entstanden sind. In den meisten Fällen kann die völlige Heilung bewirkt werden, indem die Ursache des Problems bekämpft wird, egal ob sie von den Organen des Körpers ausgeht oder nicht. Sehr gute Beispiele für dieses kraftvolle Potential der Heilkunst sind die Tatsachen, daß Migräne innerhalb von vierundzwanzig Stunden zum Stillstand gebracht wird und ein steifer Nacken innerhalb weniger Sekunden geheilt werden kann.

Was tun Sie als erstes, wenn Sie im Winter nach draußen gehen und die Einwirkung der Kälte auf Ihrer Haut spüren? Sie reiben entweder Ihre Hände aneinander oder schlagen sie gegeneinander, um die Zirkulation in Ihren Handflächen und Fingern zu steigern. Dies ist völlig natürlich. Sie werden daher verstehen, warum die Taoisten diesen einfachen und ganz natürlichen Vorgang daraufhin untersuchten, ob er in irgendeiner Beziehung zur taoistischen Massage stand. Natürlich war das so, denn Reiben ist eine unter den vielen Massage-Techniken. Aber hat es auch eine Wirkung auf den Körper und die Organe?

Die Verbindung zwischen Anmo und den Organen wurde klarer, als der Fluß der Energie durch die Meridianbahnen entdeckt wurde. So wurde man gewahr, daß man durch die Massage bestimmter Teile der Hände, Füße und des Körpers auch Zugang zu den Organen erhielt. Wenn Sie also bei kaltem Wetter Ihre Zirkulation stimulieren und schneller warm werden wollen, brauchen Sie nur eine sehr einfache chinesische Massagetechnik auszuführen.

Wenn Sie Ihre rechte Hand reiben möchten, halten Sie sie so, daß die rechte Handfläche zum Körper zeigt, dann reiben Sie die Handfläche mit den Fingern der linken Hand in Richtung auf sich selbst. Als nächstes reiben Sie mit den Fingern der linken Hand Ihre rechte

Handfläche und die Finger der rechten Hand linksherum (gegen den Uhrzeigersinn). Wenn Sie Ihre linke Hand reiben wollen, tun Sie das mit der rechten Hand und rechtsherum (im Uhrzeigersinn). Sie werden den Unterschied nicht nur in den Händen und Armen spüren, sondern in Ihrem ganzen Körper. Natürlich können Sie auch beide Hände gleichzeitig reiben, indem Sie die Handflächen aneinanderlegen; prüfen Sie aber, ob Sie sie in der richtigen Richtung kreisen lassen.

Diese einfache Technik zeigt Ihnen, daß Anmo von allen praktiziert werden kann, die sich bemühen, die Techniken und Prinzipien so wie sie im alten China niedergelegt wurden zu verstehen und ein höheres Bewußtsein für alles, was uns selbst betrifft, zu entwickeln.

11. Tien Chen – Akupressur

Tien Chen ist eine weitere altchinesische Heilkunst. Aus ihr entwikkelte sich die Akupunktur (Hsia Chen Pien). Man fand heraus, daß viele der Energiezentren entlang der Meridianlinien ziemlich nahe an der Hautoberfläche liegen. Es bedurfte daher keines tiefwirkenderen Instrumentes, um an sie heranzukommen, als lediglich den Druck eines Fingers oder Daumens. Nach vielen Jahren der Erprobung erkannte man, daß trotz der mit diesem System erzielten ausgezeichneten Resultate etwas mehr Genauigkeit in der Anwendung ratsam war. Die Heilkundigen führten daher die Benutzung ihrer Fingernagelspitzen sowie die Verwendung der Spitze eines stumpfen Instrumentes ein.
Wo also der Akupunkteur eine Auswahl von Nadeln für seine Arbeit entlang der Meridianbahnen benutzt, benötigt der Akupressur-Praktiker lediglich seine Hände, um die verschiedenen, in seiner Kunst enthaltenen Techniken auszuführen. In Übereinstimmung mit den »Fünf Elementen« (Wu Hsing) sind dies:

1. Die Spitze des Daumens.
2. Die Spitze des Zeigefingers.
3. Der zweite Knöchel des Mittelfingers.
4. Der Nagel von Daumen und Zeigefinger.
5. Yuan Chen – der rundköpfige Akupressurstab.

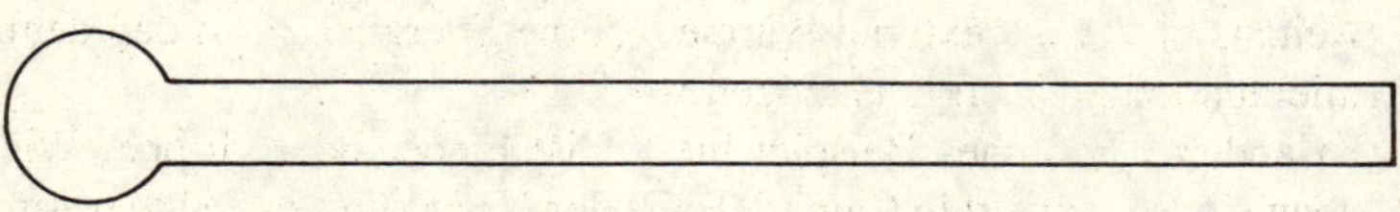

Die ersten vier Punkte erklären sich von selbst. Der fünfte Punkt erfordert jedoch eine Erklärung. Beim Akupressurstab handelt es sich um eine spezielle Anfertigung, mit der bei einem Druck nach unten die Haut nicht punktiert wird; der Kopf darf jedoch keine zu große Fläche abdecken, wenn er auf die Haut gedrückt wird. Der rundköpfige Akupressurstab ist klein genug, um stets bei sich getragen zu werden und in Notfällen zur Hand zu sein. Ein Bleistift mit einem abgerundeten Radiergummi an einem Ende ist jedoch genausogut. Da der Radiergummi leicht nachgibt, kann er gleichermaßen bei Kindern wie auch bei Erwachsenen benutzt werden.

Auch mit der Akupressur werden zwei Ziele erreicht; zum einen die Beruhigung und zum anderen die Anregung des Organismus. Beruhigung wird erzielt, indem man den Druck langsam bis zur vollen Stärke steigert. Der Druck wird dann für zehn bis fünfzehn Sekunden gehalten. Bei der Anregung wird der Druck sehr schnell auf die erforderliche Tiefe gebracht und genau so schnell wieder nachgelassen, dann erfolgt wieder ein schneller Druck und wieder ein schnelles Nachlassen. Dies kann dreißig Sekunden lang fortgesetzt werden.

Denken Sie daran, daß in den meisten von Ihnen zu behandelnden Fällen Schmerzen vorhanden sind. Sie müssen daher den Schmerz ableiten oder, mit anderen Worten, sedieren. Denken Sie jedoch immer daran, daß Sie lediglich ein Symptom beseitigen, wenn Sie Schmerzen behandeln, obgleich in vielen Fällen durch Ihre Arbeit auch die Ursache beseitigt wird, indem Sie den Körper dazu bringen, die Arbeit von selbst innerlich und völlig unbehindert fortzusetzen.

Ableitung oder Beruhigung entzieht dem Patienten jedoch eine gewisse Menge Vitalkraft oder Ch'i-Energie. Diese ist aber zu wertvoll, um verschwendet zu werden, denn sie ist die energetische Substanz des Körpers. Wir müssen daher sicherstellen, daß sie nicht verschwendet wird. Wenn beispielsweise der Schmerz an einem Ende des Meridians, in der Brust, auftritt, können wir Moxa oder eine andere Wärmebehandlung am anderen Ende des Meridians, in der Daumenregion, durchführen. Das hat einen doppelten Vorteil: Erstens wird Energie aus dem schmerzenden Gebiet abgezogen, und zweitens bringt die externe Wärme externe Energie ein, so daß dem Patienten keine Energie entzogen wird.

Ein anderes typisches Beispiel hierfür ist Fieber oder Grippe. Wir haben ein Sprichwort in China: »Halte den Kopf kühl, die Füße warm und das Zentrum gerade richtig.« Legen Sie also kalte Kompressen auf die Stirn, um das Fieber zu bekämpfen; dies ist eine Form der Beruhigung. Eine Wärmflasche unter den Füßen bringt externe Energie ein, und etwas warme Gemüsesuppe erhält das Zentrum gerade richtig.

Durch die Untersuchung der Pulse erhalten Sie vielleicht einen

Hinweis darauf, daß in einem der anderen, nicht von Schmerzen betroffenen Meridiane ein Mangel an Energie herrscht. In diesem Fall ist es möglich, den Überfluß an Energie aus dem schmerzenden Gebiet eines bestimmten Meridians abzuziehen oder zu sedieren und in den Meridian mit dem Energiemangel zu leiten. Hierdurch wird eine perfekte Balance zwischen den Yang- und Yin-Einflüssen der beiden Meridane geschaffen. Derart werden Sie in völliger Übereinstimmung mit den Gesetzen des Universums tätig.
Es ist unmöglich, in einem Buch dieses Umfangs auf jede Krankheit und die zahlreichen, bei jeder einzelnen Krankheit in Frage kommenden Meridianpunkte einzugehen. Am Kopf allein befinden sich etwa 400 Meridianpunkte. Ich habe dennoch eine kleine Anzahl Krankheiten aufgelistet, jeweils mit den ihnen entsprechenden Meridianen und den Meridianpunkten. Sie können sich für jeweils einen oder zwei Punkte entscheiden, um sie bei Ihren Patienten anzuwenden, und Sie können diejenigen Punkte wählen, die Sie zu sedieren oder zu stimulieren wünschen.

Angina pectoris
Gallenblase 20, 21, 44
Blase 64
Lunge 1, 2, 4
Kreislauf-Sexus 5, 6

Arteriosklerose
Gallenblase 31, 39
Magen 36
Blase 60, 62
Kreislauf-Sexus 8
Leber 2, 4

Arthritis
Herz 4
Dreifacher Erwärmer 4, 5, 12
Dünndarm 4, 9
Blase 54, 60, 61, 67
Nieren 10
Gallenblase 33, 34, 38
Magen 35, 37, 38, 42

Bronchitis
Kreislauf-Sexus 2, 3
Lunge 1, 3, 5
Dickdarm 8
Magen 10
Konzeptionsgefäß 23

Depression
Herz 9
Dickdarm 4, 11
Milz 6

Diabetes
Dreifacher Erwärmer 4
Nieren 2
Leber 1, 2
Konzeptionsgefäß 24

Epilepsie
Dreifacher Erwärmer 12
Dünndarm 2, 3, 5
Blase 53, 58, 61, 63, 64
Konzeptionsgefäß 24
Magen 41, 42

Erbrechen
Lunge 3, 4, 8
Dreifacher Erwärmer 1, 6
Dünndarm 4
Nieren 2, 3, 4
Milz 3, 4, 5

Kehlkopfentzündung
Dickdarm 1, 2
Blase 11, 12, 13
Nieren 3, 7

Kopfschmerzen
Kreislauf-Sexus 7
Lunge 7, 10
Dünndarm 1, 4, 7
Blase 10, 60, 62, 65, 66, 67

Gallenblase 44
Magen 2, 36, 40, 41

Mandelentzündung
Magen 10, 38, 39, 45
Gallenblase 38, 39
Nieren 1, 2, 6
Dreifacher Erwärmer 1, 2, 3
Dickdarm 1, 2, 3, 4, 5, 6, 7, 11

Rheumatismus
Lunge 3
Dickdarm 12, 13
Dreifacher Erwärmer 4, 12
Blase 58
Gallenblase 33, 42
Magen 41

Verstopfung
Dickdarm 2
Dreifacher Erwärmer 6
Blase 27, 28, 30, 32, 33, 34, 48, 50, 52, 56
Nieren 3, 4, 8, 15, 16
Leber 1, 2
Gallenblase 34

Zahnschmerzen
Lunge 7
Herz 3
Dickdarm 1, 3, 4, 6, 10
Dreifacher Erwärmer 5, 8, 9
Gallenblase 2

Nach einer Behandlung ist es sehr wichtig, das Energie-System stets wieder ins Gleichgewicht zu bringen, besonders nach einer Beruhigung. Es gibt zwei sehr erinnernswerte Meridianpunkte, die Ihnen helfen, den Organismus zu kräftigen, nachdem Sie ihn beruhigt haben. Dies sind: Dickdarm-Meridian Punkt 4, der, wenn er durch Vibration stumuliert wird, dem oberen Teil des Körpers Energie zuführt, und Blasen-Meridian Punkt 60, der dem unteren Teil des Körpers Energie zuführt.

12. Hsia Chen Pien – Akupunktur

Hsia Chen Pien ist der chinesische Name für Akupunktur. Akupunktur wiederum stammt aus dem Lateinischen und bedeutet »Punktieren mit einer Nadel«. Diese Kunst ist wirklich einzigartig auf der Welt und nur bei den Chinesen zu finden – als ein Teil des Erbes, das ihnen von den »Söhnen des reflektierenden Lichtes« hinterlassen wurde.

Ursprünglich wurden nur Steinnadeln zur Akupunktur verwendet, heute werden sie jedoch aus Gold, Silber oder Edelstahl hergestellt. Es gibt sie in verschiedenen Längen, von etwa 1,27 cm bis zu 7,72 cm. In den letzten Jahren wurde die Kunst der Akupunktur weltweit bekanntgemacht, und immer mehr Leute erfahren davon. Eine Akupunkturbehandlung wirkt durch die Verwendung und die kunstgerechte Handhabung der Nadeln, womit viele Arten von Krankheiten beeinflußt, stimuliert, sediert oder aktiviert und die Krankheitsursache beseitigt werden kann. Indem so die innere Harmonie wiederhergestellt wird, ist der Körper in der Lage, sich selbst zu helfen.

Was aber sind die grundlegenden Prinzipien dieser Kunst, was müssen wir wissen und was schließlich leisten? Wir können die Akupunktur erst dann anwenden und anderen helfen, wenn wir über dieses Wissen und die erforderliche Geschicklichkeit verfügen.

Die natürliche innere Energie des Körpers (Sheng Ch'i oder einfach »Ch'i«), manchmal auch »Vitalkraft« genannt, wurde Ihnen gegeben, als Sie noch im Mutterleib waren. Mit der Geburt haben Sie selbst die Verantwortung dafür erhalten, dafür zu sorgen, daß Ihre Vitalkraft immer harmonisch fließt, damit Sie über eine gute Gesundheit verfügen. Diese Energie sollte ein Teil von allen Ihren Organen und von jeder Zelle im Gewebe Ihres Körpers sein. Durch ihre Lebensäußerung, ihre Aktivierung, ihr Fließen und ihren Rhythmus wird es ihr möglich, in Übereinstimmung mit den Gesetzen des Universums zu sein. Durch den Ernährungswert unseres Essen und unsere Atmung können wir diese Energie pflegen und ausbilden.

Wegen unserer schlechten Eß- und Trinkgewohnheiten und unserer schlechten Atmung erschöpft diese Energie (Ch'i) sich langsam, und Krankheit wird zur Realität. Es kann aber auch umgekehrt sein: durch dieselben schlechten Gewohnheiten kann zuviel Energie aufgebaut werden, so daß ein anderes Ungleichgewicht entsteht, das wiederum Krankheiten verursacht. Sobald ein vollständiger Energiemangel eintritt, sind Krebs oder Tod nah.
In Übereinstimmung mit den Prinzipien der Fünf Elemente (Wu Hsing) durchläuft die Vitalkraft fünf Stadien:

1. Stärkeres Yang, wenn Sie sich noch im Mutterleib befinden.
2. Schwächeres Yang, von der Kindheit bis ins Jugendalter.
3. Ausgeglichen, wenn Sie reif und völlig ausgewachsen sind und Ihre Energie sich auf ihrem natürlichen, gesunden Stand befindet.
4. Schwächeres Yin in Ihren späteren Jahren, wenn Ihre innere Energie sich zu erschöpfen beginnt.
5. Stärkeres Yin, wenn alle Energie verschwindet und der Tod eintritt.

Sie werden bemerkt haben, daß dieses Schema nicht auf einer bestimmten Summe oder einer Anzahl von Jahren basiert, denn Sie können jederzeit ein Ungleichgewicht in ihrem Energiesystem schaffen. Wenn Sie es nicht rechtzeitig wieder auf einen natürlichen, gesunden Stand zurückbringen, werden Sie automatisch das vierte Stadium erreichen, das Stadium des Verfalls also, auf dem sich Ihre Lebensspanne verkürzt.
Der Akupunkteur muß in der Lage sein, Krankheiten und Beschwerden durch seine Fertigkeiten in den fünf Sektionen der Diagnose zu erkennen. In vielen Fällen, vorausgesetzt der Patient kommt rechtzeitig zu ihm, kann er die Beschwerden bekämpfen, lange bevor die Symptome einer Krankheit sich zeigen. Er verhütet dadurch das Entstehen der Krankheit an ihrem Ursprung. Sobald er herausgefunden hat, wo ein Energie-Ungleichgewicht vorliegt und welches Organ bzw. Organe betroffen sind, wird er bestrebt sein, durch die Verwendung von Nadeln die Wiederherstellung des Energie-Gleichgewichtes zu erreichen.

Die Meridiane

Entlang festgesetzter Bahnen, den Meridianen (Ching), die die Meridianpunkte miteinander verbinden, fließt Ch'i durch unseren Organismus. Die Meridiane formen ein bestimmtes Muster von Energiebahnen. Jeder Meridian ist einem bestimmten Körperorgan zugeordnet und trägt den Namen dieses Organs. Die Existenz dieser Meridiane mit ihren jeweiligen Punkten wurde von vielen westlichen Medizinern, die die alten chinesischen Ärzte oft für Quacksalber halten, immer wieder in Frage gestellt. Viele Länder, z. B. Japan, Rußland und Frankreich, haben den wissenschaftlichen Wert dieser sehr alten Kunst nachgewiesen. Möglich wurde dies durch Forschungen mit modernen, höchst empfindsamen elektronischen Instrumenten, die bewiesen, daß die Chinesen in jeder Hinsicht Recht hatten.

Die Ch'i-Energie selbst und ihr Fluß durch den Organismus sind eng verbunden mit dem autonomen Nervensystem, das mit jedem Organ und allen Teilen des Körpers, einschließlich des Hautgewebes und der Drüsen, verknüpft ist. Das Sedieren oder Aktivieren der Meridiane und ihrer Punkte wirkt auf den Ch'i-Fluß ein, indem es ihn verlangsamt oder verstärkt. Das autonome Nervensystem, das seinerseits wiederum bestimmte Zonen der Organe oder verschiedene Teile des Körpers beeinflußt, empfängt diese wohltuenden Einwirkungen und speichert sie.

Es gibt zwölf Meridiane, zehn davon sind bestimmten Organen zugeordnet, die beiden anderen den inneren Aktivitäten des Körpers. Diese zwölf Meridiane sind zweiseitig, da sich ihre Bahnen auf beiden Seiten des Körpers ganz identisch finden. Die Ch'i-Energie fließt auf ihnen in einem beständigen Fluß und in bestimmten Richtungen. Nachfolgend sind die Meridiane und die Richtungen des Ch'i-Flusses aufgeführt:

Organ	*Yin oder Yang*	*Richtung des Ch'i*
Herz	Yin	Zentrifugal
Dünndarm	Yang	Zentripetal
Leber	Yin	Zentripetal
Gallenblase	Yang	Zentrifugal
Milz/Pankreas	Yin	Zentripetal
Magen	Yang	Zentrifugal
Lunge	Yin	Zentrifugal
Dickdarm	Yang	Zentripetal

Nieren	Yin	Zentripetal
Blase	Yang	Zentrifugal
Kreislauf-Sexus	Yin	Zentrifugal
Dreifacher Erwärmer	Yang	Zentripetal

Wir wissen, daß jedes Yin-Organ einem Yang-Organ paarig zugeordnet ist und daß die Energie in einer Richtung bis zur äußersten Grenze des Meridians fließt, um von dort aus auf der Bahn des Partner-Meridians weiterzufließen. Dies ist der Grund dafür, daß wir zwei verschiedene Flußrichtungen für jedes Organpaar haben, wie Sie aus der obigen Aufstellung ersehen können.
Der Kreislauf-Sexus-Meridian, auch Perikard, Meister des Herzens oder Herzbeutel-Meridian genannt, ist auf die Blutzirkulation und die im Blut enthaltene Energie bezogen. Der Dreifache Erwärmer, manchmal auch als die Drei Brennenden Kugeln oder Sanjiao bezeichnet, kontrolliert die chemischen Aktivitäten im Körper. Zusätzlich hat er noch weitere Funktionen, denn er reguliert und gleicht die Körpertemperatur aus und leitet Wärme und Ch'i-Energie von einem Bereich in einen anderen. Jedoch sind weder der Kreislauf-Sexus-Meridian noch der Dreifache Erwärmer »Organe« in des Wortes eigentlichem Sinn.
Die Bahnen aller Yin-Meridiane verlaufen auf der Innenseite der Arme oder Beine, während die Yang-Meridiane an den Außenseiten entlanglaufen. Ch'i-Energie zirkuliert durch den gesamten Körper in einem Vierundzwanzig-Stunden-Rhythmus, wobei jedes Organ eine Periode von zwei Stunden minimaler Aktivität und zwei Stunden maximalen Energieflusses hat. Auch unsere Energien unterliegen also den Yin- und Yang-Prinzipien.
Wenn jedoch das durch den Körper fließende Ch'i durch innere Blockaden verlangsamt oder eingeschränkt bzw. durch äußere Einflüsse dazu gebracht wird, verstärkt zu fließen, oder wenn sich zusätzliche Energie im System befindet, gerät der Organismus aus dem Gleichgewicht. Daraus können Krankheiten entstehen.
Von diesen Voraussetzungen ausgehend, kann der Akupunkteur das Organ oder die Organe mit zu niedrigem Energiestand anregen bzw. andere beruhigen, die überaktiv sind. Durch diesen Einsatz von Yin- und Yang-Methoden wird gleichzeitig die Harmonie im Körper wiederhergestellt.

Perioden höchster Aktivität

Die Chinesen haben die Kunst der Akupunktur so genau studiert, daß sie wissen, wann der Energiestand in den kommenden Jahren, Jahreszeiten, Tagen und Stunden am höchsten und wann er am niedrigsten ist. Betrachten wir jetzt einmal die Zeiten sowie den zwei Stunden dauernden intensivsten Energiefluß in den zwölf Meridianen und den ihnen verbundenen Organen:

Zeit	*Yin/Yang*	*Organ*
1– 3 Uhr	Yin	Leber
3– 5 Uhr	Yin	Lunge
5– 7 Uhr	Yang	Dickdarm
7– 9 Uhr	Yang	Magen
9–11 Uhr	Yin	Milz/Pankreas
11–13 Uhr	Yin	Herz
13–15 Uhr	Yang	Dünndarm
15–17 Uhr	Yang	Blase
17–19 Uhr	Yin	Nieren
19–21 Uhr	Yin	Kreislauf-Sexus
21–23 Uhr	Yang	Dreifacher Erwärmer
23– 1 Uhr	Yang	Gallenblase

Denken Sie daran, daß, wenn die Leber z. B. den Stand ihrer höchsten Aktivität zwischen ein und drei Uhr morgens hat, der niedrigste Energiestand oder die schwächste Periode hier dann zwischen dreizehn und fünfzehn Uhr nachmittags ist. Man fand heraus, daß bei einer durch zuviel Energie hervorgerufenen Beschwerde des Organs die Behandlung am besten während der Zeit höchster Aktivität erfolgt. Sie sollte also kurz vor dieser Zeit beginnen. In Fällen, wo das Leiden auf einen zu niedrigen Energiestand zurückzuführen ist, ist die geeignetste Zeit der Behandlung sofort nach der Periode des höchsten Energiestandes.

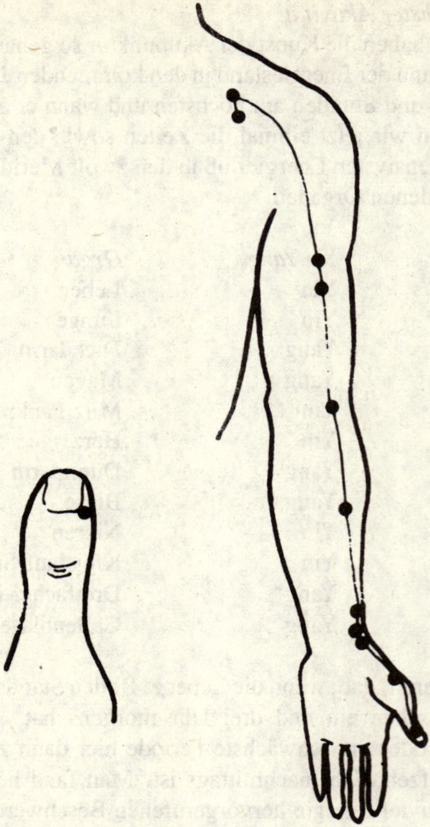

Abb. 27: Der Lungen-Meridian

Der Lungen-Meridian (Yin) ist indirekt mit dem Dickdarm-Meridian (Yang) verbunden und sendet seine Energie in einer zentrifugalen Bewegung dorthin. Er hat elf Punkte auf jedem Arm. Vier davon sind für Moxa oder andere Wärmebehandlungen verboten. Dies sind die Punkte 3, 8, 10 und 11.

Dieser Meridian umfaßt die Störungen des Atemsystems, d. h. beispielsweise Asthma, Bronchitis, Husten, Lungenentzündung, Wechsel- und Tropenfieber, Angst- oder Beklemmungszustände, Gesichtslähmung, Gelenkrheuma und Schwindelanfälle.

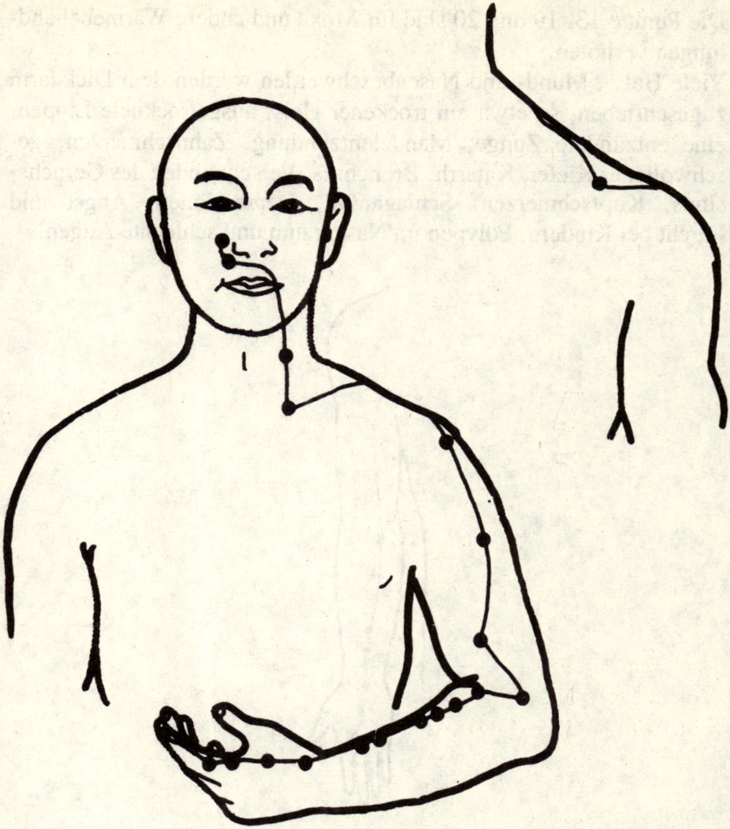

Abb. 28: Der Dickdarm-Meridian

Der Dickdarm-Meridian (Yang) erhält seine Energie vom Lungen-Meridian und gibt sie an den Magen-Meridian (Yang) weiter.
Er setzt an der Fingernagelwurzel des Zeigefingers an und zwar auf der dem Daumen gegenüberliegenden Seite. Von dort aus läuft er über die Oberseite des Arms nach außen zum Schlüsselbein, dann leicht über die Schulter und zurück zum oberen Brustknochen, weiter über den Unterkiefer und den Mundwinkel (wo er die Unterlippe beeinflußt) bis auf die andere Seite der Nasenflügel zu der Senkung bzw. Falte neben der Nase. Auf jedem Arm befinden sich zwanzig Punkte.

Die Punkte 13, 19 und 20 sind für Moxa und andere Wärmebehandlungen verboten.
Viele Hals-, Mund- und Nasenbeschwerden werden dem Dickdarm zugeschrieben, so etwa ein trockener Hals, ausgetrocknete Lippen, eine entzündete Zunge, Mandelentzündung, Zahnschmerzen, geschwollener Kiefer, Katarrh, Bronchitis, Verschwinden des Geruchssinns, Kopfschmerzen, Schlaganfall, Depressionen, Angst und Furcht bei Kindern, Polypen im Nasenraum und schlechte Augen.

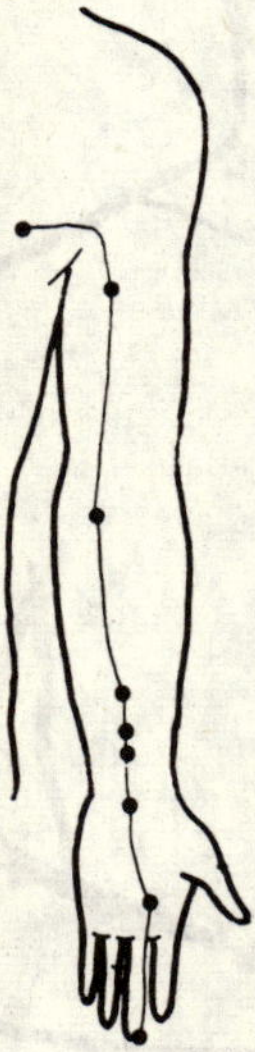

Abb. 29: Der Kreislauf-Sexus-Meridian

Dieser Meridian erhält seine Ch'i-Energie vom Nieren-Meridian. Sein Verlauf beginnt auf der Brust zwischen Brustwarze und Achselhöhle, fließt dann an der Innenseite des Armes entlang und endet an der Innenseite der Mittelfingerspitze an der Wurzel des Fingernagels.
Der Kreislauf-Sexus-Meridian, auch genannt Meister des Herzens, ist Yin und fließt in einer zentrifugalen Richtung. Bei diesem Meridian gibt es keine Punkte, die für Moxa oder Wärmebehandlungen untersagt wären. Er hat insgesamt neun Meridianpunkte, achtzehn wenn Sie beide Arme rechnen.

Im Westen gilt dieses spezielle System, der Kreislauf, nicht als Organ. Technisch gesehen stimmt das auch, aber die Chinesen in ihrer uralten Weisheit erkannten völlig richtig, daß ein Organ nicht unbedingt aus einem Stück bestehen muß, und betrachteten das ganze Gefäßsystem als eigenständiges Organ. Die Punkte des Kreislauf-Sexus-Meridians wirken auf die Arterien, Venen und Blutgefäße sowie bei Blutsturz, Magenentzündung, zuwenig Milch in den Brüsten, Unfruchtbarkeit der Frau und Herzentzündung.

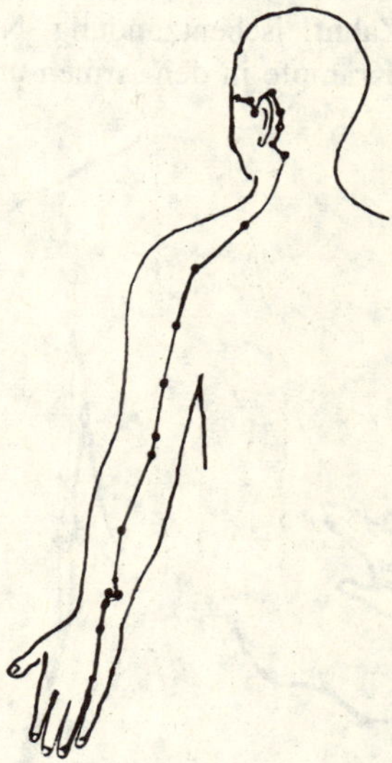

Abb. 30: Der Dreifache-Erwärmer-Meridian

Dies ist ein weiteres Organ, das im Westen nicht als solches anerkannt wird. Wir stimmen zu, daß es schwer ist, sich den Dreifachen Erwärmer als Organ vorzustellen. Die Chinesen stellen sich ihn als aus drei Teilen zusammengesetzt vor: aus der Atemenergie, der Regulierung des Verdauungssystems und aus der Kontrolle über die Harn- und Geschlechtsorgane einschließlich der chemischen Veränderungen innerhalb des ganzen Organismus. Er ist Yang und erhält seine Ch'i-Energie vom Kreislauf-Sexus-Meridian, den Überschuß gibt er dann an den Gallenblasen-Meridian weiter.

Das Ch'i fließt in zentripetaler Richtung von der dem kleinen Finger gegenüberliegenden Nagelseite des Ringfingers über die Außenseite des Armes hinten die Schultern hinauf, dann um die Ohrmuschel herum, am Unterkiefergelenk vorbei dorthin, wo die Schläfen an die äußeren Augenwinkel grenzen. Er hat insgesamt dreiundzwanzig Punkte – oder sechsundvierzig, wenn Sie beide Arme rechnen.
Ihm wird bei der Akupunktur eine Vielzahl von Krankheiten zugeordnet. Unter anderem zusammengezogene Lippen, Zahnschmerzen, Neuralgien, Schwindelanfälle, Schlaganfall, Blutandrang im Gehirn, Taubheit, Epilepsie, Zahnfleischentzündung, Nierenentzündung sowie Lähmungen und Krämpfe in den Armen und im Nacken.

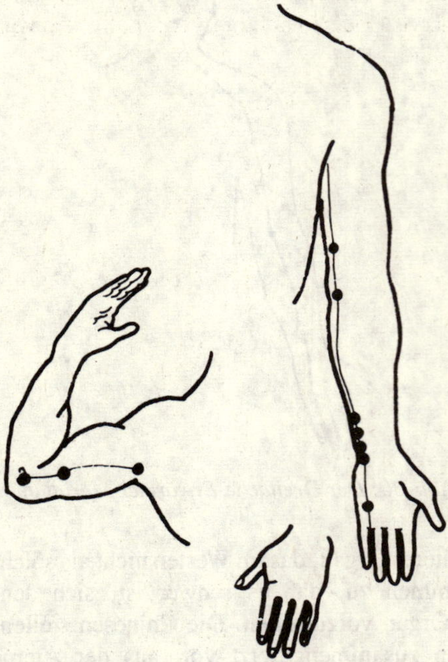

Abb. 31: Der Herz-Meridian

Der Herz-Meridian (Yin) erhält seine Ch'i-Energie, die in zentrifugaler Bewegung fließt, vom Milz-Meridian und gibt sie an den Dünndarm-Meridian weiter. Er hat neun Punkte an jedem Arm, insgesamt also achtzehn.

Der erste Punkt befindet sich in der Achsel, von wo aus der Meridian an der Innenseite des Armes zur Handinnenfläche verläuft, um an der Innenseite des kleinen Fingers am Nagelbett zu enden.
Dieser Meridian hat große Bedeutung für die Behandlung einer Anzahl psychisch und emotionell bedingter Spannungen; desweiteren auch für andere Erkrankungen wie nervöse Beklemmungen, Hysterie, Psychopathie, Melancholie, Depressionen, Neuralgien in Arm und Gesicht, Lungentuberkulose, Leukorrhöe (weißer Scheidenausfluß), Nasenbluten, Arthritis in den Ellenbogen, Kältegefühl in den Armen, Hautjucken der äußeren weiblichen Geschlechtsteile, Herzinnenhautentzündung, Drüsenentzündung, nichtmenstruelle Blutungen der Gebärmutter sowie allgemeine, durch Fieber und Grippe hervorgerufene Schwäche. Ganz besonders wichtig ist er für alle, die von Schlaflosigkeit betroffen sind.

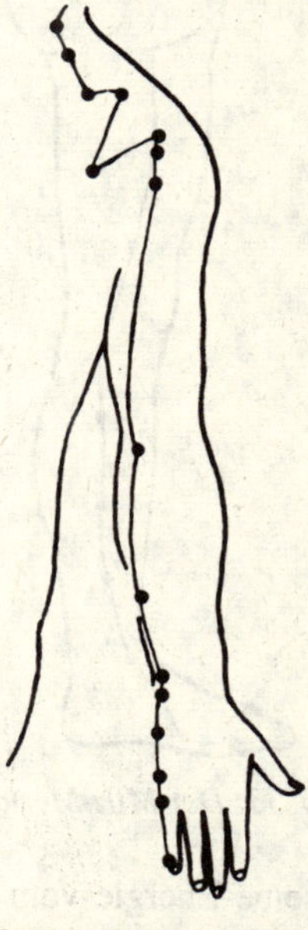

Abb. 32: Der Dünndarm-Meridian

Der Dünndarm-Meridian ist Yang. Er erhält seine Ch'i-Energie vom Herz-Meridian und sendet sie in zentripetaler Richtung von der äußeren Seite des Nagelbettes des kleinen Fingers entlang der Außenseite des Armes zur Hinterseite des Schultergelenkes, dann über das

Schulterblatt und über die Seite des Nackens zum oberen Teil des Unterkiefers bis zum Zentrum der Wangen und von dort bis zu einem Punkt vor dem Ohr. Er hat neunzehn Punkte, achtunddreißig an beiden Armen, von denen nur zwei bzw. vier von Wärmebehandlungen auszuschließen sind.

Überaktivität oder Schwäche im Energiefluß dieses Meridians führt zu Beschwerden und Krankheiten wie Halsentzündung, Mandelentzündung, Husten, steifer Nacken, Ödeme, Epilepsie, Schnupfen, Neuralgie, Zahnfleischentzündung, Ohrenbeschwerden, Lungenentzündung, Stimmlosigkeit, Zahnschmerzen, Fieber, schwache Augen, Brustdrüsenentzündung, Psychosen, Lähmung der Arme, Angst und Furcht bei Kindern, Analfisteln, Rippenfellentzündung, Brustbeinschmerz und Stillunfähigkeit.

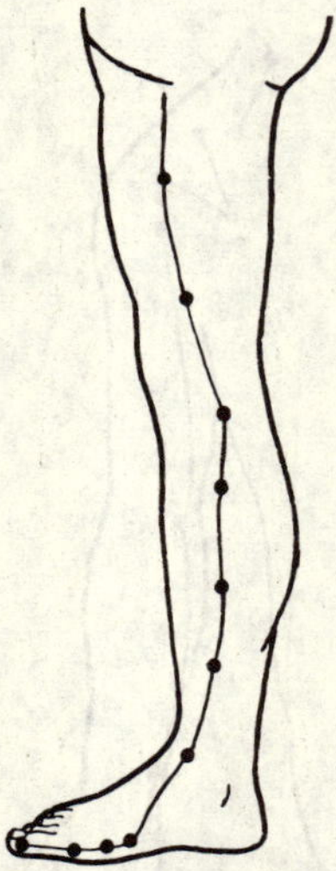

Abb. 33: Der Milz-Meridian

Dieser Meridian erhält seine Energie vom Magen-Meridian und ist Yin. Er leitet seine Energie in eine zentripetale Flußrichtung und gibt sie schließlich an den Herz-Meridian weiter. An jedem Bein befinden sich einundzwanzig Punkte, wovon drei Punkte für Wärmebehandlung verboten sind.

Der Meridian setzt an der Außenseite des Nagelbettes des großen Zehs an, verläuft direkt an der Innenseite des Fußes bis zur Fußmitte und von dort über die Innenseite des Beines durch die Leistengegend zu einem Punkt genau unter dem Nabel, dann zum zweiten Zwischenrippenraum, von wo er wieder abwärts verläuft zum sechsten Zwischenrippenraum fast unter der Achselhöhle.

Er erfaßt einen großen Bereich von Störungen – alle Krankheiten der Geschlechtsorgane beider Geschlechter, Unterleibsschwellungen und -schmerzen, Fieber und Ermüdung, Schmerzen im Gesäß, abnorm starke und langanhaltende Monatsblutung, Hodenentzündung, Grippe, Atemnot, schmerzhafte Störung der Harnentleerung, Hämorrhoiden, Erbrechen, Bauchwassersucht, übermäßig hoher Säuregehalt, Herzschmerzen.

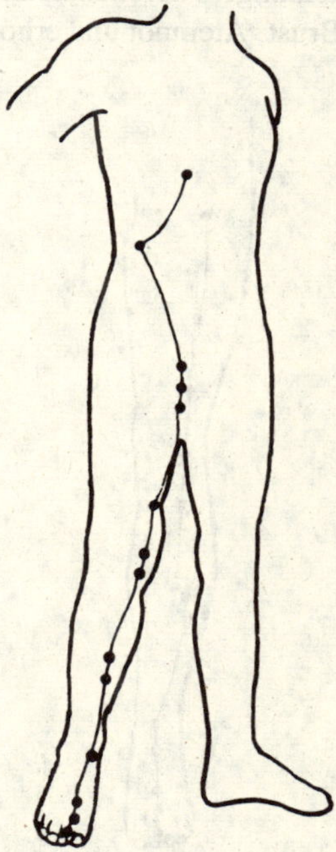

Abb. 34: Der Leber-Meridian

Der Leber-Meridian ist ebenfalls Yin, da er in zentripetaler Richtung fließt. Er erhält seine Ch'i-Energie vom Gallenblasen-Meridian, bevor er sie an den Lungen-Meridian weitergibt. Er hat vierzehn Punkte an jeder Seite, also insgesamt achtundzwanzig.

Er beginnt an der Innenseite des großen Zehs, läuft dann an der Innenseite von Unter- und Oberschenkel entlang bis zur Oberschenkelarterie in der Leistengegend und von dort bis zu den untersten Rippen, wo er unter der Brustwarze endet.
In China heißt es seit alters her: »Die Leber beeinflußt die Augen«, und das ist wahr, denn viele Augenbeschwerden stehen in engem Zusammenhang mit Leberbeschwerden. Darüber hinaus übt der Leber-Meridian einen direkten Einfluß aus auf die Heilung von Anämie, Diabetes, Neuralgien, Nachtschweiß, durch kaltes Wetter verursachte Schwächen, Schmerzen in der Brust, im Unterleib und in den unteren Extremitäten, Blasenentzündung, Gelenkentzündung im Knie, Versagen der Harnausscheidung, Nierenentzündung, Harnprobleme, Muskelkrämpfe in der Brust, Atemnot und erhöhten Blutdruck sowie Beinkrämpfen.

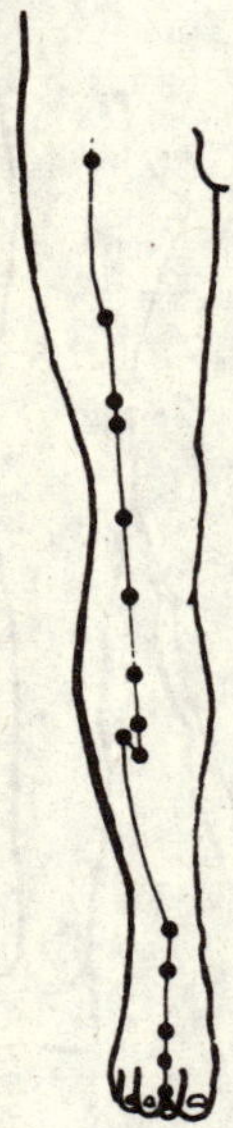

Abb. 35: Der Magen-Meridian

Dies ist ein Yang-Meridian. Er erhält seine Ch'i-Energie vom Dickdarm-Meridian und gibt sie an den Milz-Meridian (Yin) weiter. Die Energie des Magen-Meridians fließt zentrifugal. Er ist der zweitlängste Meridian im Körper und verbindet fünfundvierzig Punkte (neunzig

wenn Sie beide Seiten rechnen). Als einziger der Meridiane hat er Punkte, die sogar für das Akupunktieren verboten sind. Er geht aus von einem Punkt direkt unter dem Auge, verläuft nach unten zur Seite des Kieferknochens und wieder nach oben zur Schläfe und zurück zum Schlüsselbein. Von dort geht er direkt über die Brustwarze zum Bauch (ca. 3 Fingerbreiten von der Mittellinie entfernt) und zum Hüftknochen, dann weiter über die Vorderseite von Ober-, Unterschenkel und Fuß, wo er am Nagelbett des zweiten Zehs endet.
Über ihn können viele Beschwerden des Kopfes (Migräne etc.), Ohrbeschwerden, Halserkrankungen, viele Augenleiden, Brustentzündung, Infektionen der Eierstöcke, Magen- und Darmleiden, Muskelentzündung der unteren Extremitäten, Rheuma und Arthritis in den Füßen und Knien behandelt werden.

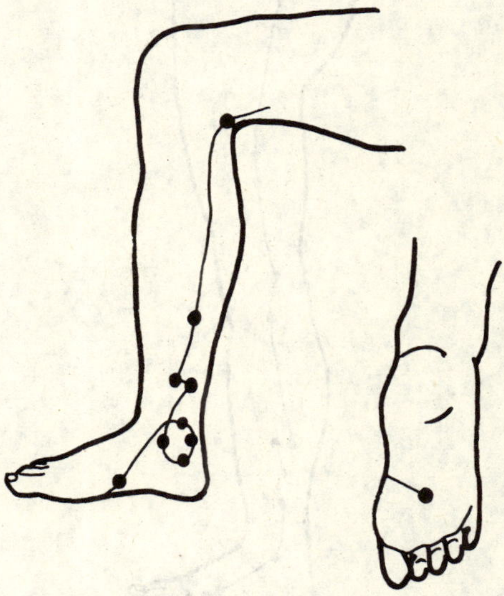

Abb. 36: Der Nieren-Meridian

Da der Nieren-Meridian unter dem Einfluß des Elementes Wasser steht, ist er natürlich Yin. Nachdem die Chi-Energie vom Blasen-Meridian aufgenommen wurde, fließt sie in zentripetaler Richtung an den Kreislauf-Sexus-Meridian weiter. Er hat insgesamt siebenundzwanzig Punkte an jeder Seite (vierundfünfzig im ganzen).
Sein Verlauf beginnt an der Fußsohle nahe dem Fußballen und führt,

nachdem er kreisförmig um den Fußknöchel herumgeflossen ist, an der Innenseite des Beines bis zur Blase, entlang dem Nabel und dem Brustknochen und dann weiter bis zu einem Punkt unterhalb der Schlüsselbeingrube.

Wegen seiner Länge und seinen vielen Meridian-Punkten ist er von großem Nutzen bei vielen Beschwerden, unter anderem bei Herzleiden, Leberbeschwerden, Blasen- und Magenproblemen, Harndrang, Juckreiz, nächtlichem Samenfluß, Blasenentzündung, Blutandrang in den Augen, Appetitlosigkeit, Lungenemphysem, Beschwerden im Oberbauch, Schlaflosigkeit, Vergiftungen, schwacher Menstruation, Verstopfung, Brustentzündung und Diabetes.

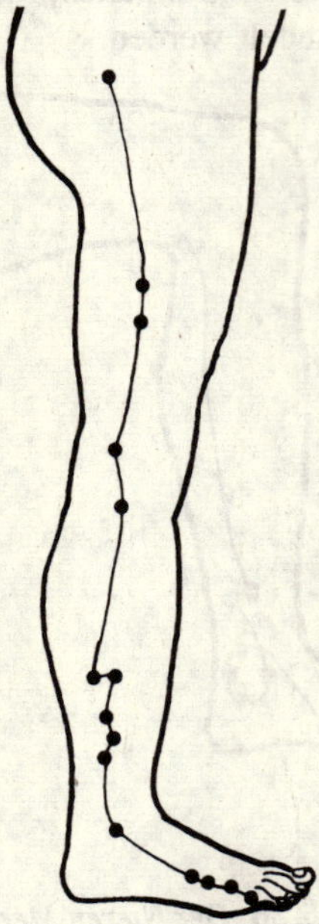

Abb. 37: Der Gallenblasen-Meridian

Der Gallenblasen-Meridian ist Yang. Er erhält seine Ch'i-Energie vom Dreifachen Erwärmer und leitet sie an den Leber-Meridian weiter. Da er Yang ist, hat er eine zentrifugale Flußrichtung. Er hat vierundvierzig Meridian-Punkte, insgesamt achtundachtzig, beide Seiten eingerechnet.

Er beginnt seinen Fluß am seitlichen Augenwinkel, bewegt sich zum Ohrläppchen, umkreist zuerst das Ohr und verläuft dann über den Hinterkopf bis zur Stirn, dann zurück über den Kopf bis zur Seite des Nackens, über die Außenseite des Brustkorbes, des Ober- und Unterschenkels sowie des Fußes bis zur äußeren Seite des vierten Zehs, wo er endet.
Er wirkt bei der Behandlung von Naseninfektionen, Neuralgien in den verschiedensten Teilen des Körpers, weißlichem Scheidenausfluß, Entzündungen der Ohren, Anämie, Schmerzen und Lähmungen im Gesicht, Verstopfung, Rheuma, Harnbeschwerden, Blasenentzündung, Angstneurosen, Blähsucht und Krebs.

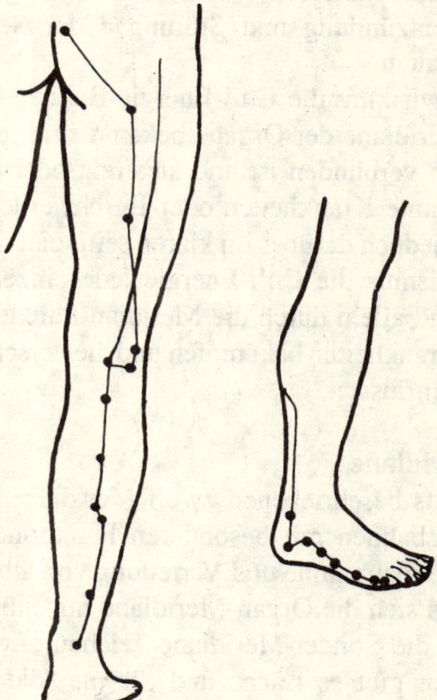

Abb. 38: Der Blasen-Meridian

Es handelt sich hier um einen weiteren Yang-Meridian. Er erhält seine Energie vom Dünndarm-Meridian, fließt in zentrifugaler Richtung und gibt dann seine Energie an den Nieren-Meridian weiter. Mit seinen siebenundsechzig Punkten, 134 auf beiden Seiten, ist er der längste Meridian im Körper.

Er beginnt am inneren Augenwinkel nahe der Nase, geht über den Kopf, verläuft in zwei parallelen Linien über den Rücken und kommt dem Steißbein sehr nahe. Er fließt weiter über das Gesäß, über die Rückseite des Beines bis hinter den Außenknöchel des Fußes, dann an der Außenseite des Fußes entlang, wo er am äußeren Nagelwinkel der kleinen Zehe endet.
Er wirkt bei der Behandlung von Herzbeschwerden, der Leber, des Magens, der Ohren, der Augen und der Nase, ebenso bei Gelenkrheuma, Lähmungen in den verschiedensten Teilen des Körpers, Lungenbeschwerden, Verdauungsbeschwerden, Depressionen, Schlaganfall, Verstopfung, Magenkrebs, eitrigen Schleimhaut- bzw. Augenbindehautentzündungen, Drüsenentzündung, Hodenentzündung, Hirnhautentzündung und Störungen der Sexualorgane von Männern und Frauen.
Bis jetzt haben wir kurz die Ch'i-Energie-Bahnen beschrieben, die allgemein als Meridiane der Organe bekannt sind, da jeder einzelne mit einem Organ verbunden ist und angeregt oder beruhigt werden kann, um bestimmte Krankheiten oder Beschwerden zu behandeln. Wir müssen uns jedoch darüber im klaren sein, daß in einem wirklich gesunden Organismus die Ch'i-Energie jede einzelne Zelle durchdringt. Einzig und allein durch die Meridian-Punkte können wir die Symptome der Krankheiten bekämpfen und die verschiedenen Organe des Körpers beeinflussen.

Die Sonder-Meridiane

Neben den bereits beschriebenen zwölf Meridianen gibt es weitere spezielle Energiebahnen mit besonderen Funktionen, die z. B. als Reservoire für die Aufnahme und Verteilung von Überschuß-Energie wirken. Während sich die Organ-Meridiane mit Flüssen vergleichen lassen, gleichen die Sonder-Meridiane Teichen. Zwischen den Teichen und Flüssen gibt es Bäche und Ströme, die ein Überfließen ausgleichen. Auch der Körper verfügt über solche kleineren Verbindungen, die als Neben- oder Sonder-Meridiane bezeichnet werden.
Innerhalb des Körpers fließt die Ch'i-Energie gleichsam in drei Hauptbahnen, die dazu dienen, den Körper gesundzuhalten, Beschwerden und Ermüdungen in allen Teilen des Organismus zu bekämpfen und alle inneren Organe und Systeme aufeinander abgestimmt zu einheitlicher und dynamischer Wirkungskraft zu führen. Diese Systeme sind:

1. Die Organ-Meridiane.
2. Die acht Sonder-Meridiane oder Gefäße.
3. Die Neben-Meridiane oder sogenannten Fäden.

Durch dieses wundervolle System von Bindegliedern sind die Yin- und Yang-Organ-Meridiane einerseits untereinander verbunden, andererseits stehen sie auch in Verbindung zu den Gefäß-Meridianen.
Es ist unmöglich, in einem Buch dieses Umfangs auf jeden Aspekt der Meridiane einzugehen. Betrachten wir jedoch einmal zwei der Sonder-Meridiane, die auch über eigene Akupunkturpunkte verfügen. Alle übrigen haben keine besonderen Eigenschaften. Diese beiden Meridiane sind der Konzeptions-Meridian und der Gouverneur-Meridian.

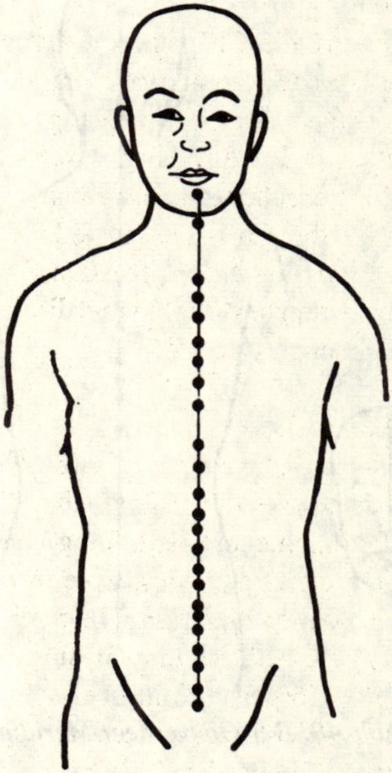

Abb. 39: Der Konzeptions-Meridian

Der Konzeptions-Meridian ist Yin und besteht aus nur vierundzwanzig Punkten, die vom Gaumen über den Unterkiefer direkt auf der Mittellinie des Körpers über Brustkorb, Bauch und Nabel bis zu einem

Punkt dem Anus gegenüber laufen. Er hat einige sehr wichtige Warnpunkte auf seiner Bahn, die indirekt auf die verschiedenen Organe reagieren.
Eine große Zahl von Krankheiten wird von ihm sehr stark beeinflußt. Es ist unmöglich, sie alle aufzuführen, daher hier nur einige: Alle Beschwerden im Schambereich, häufiges Harnlassen, Harnleiden, Vaginalausfluß, unregelmäßige Menstruation, Bauchschmerzen, nächtlicher Samenfluß, Impotenz, erhöhter Blutdruck, Gehirnblutung, Blut im Urin, Magenschleimhautentzündung, Herzschmerzen, Gelbsucht, Psychose, Herzklopfen, Hysterie, Verlust von Energie, Darmgeschwüre, Zungenbeschwerden, Zahnschmerzen, Anschwellen der Brüste, Schwellung des Halses und Lungenkrankheiten.

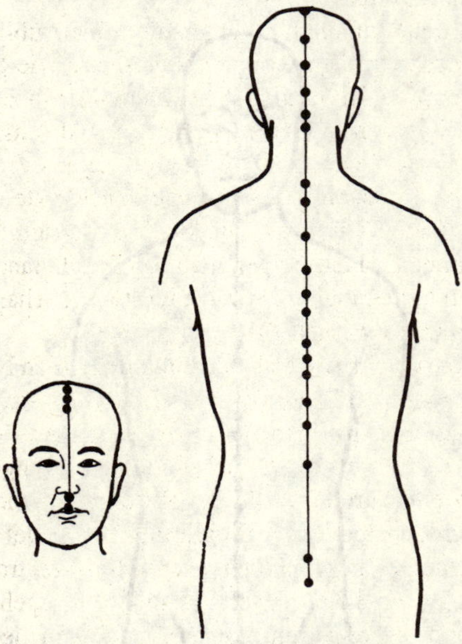

Abb. 40: Der Gouverneur-Meridian

Der Gouverneur-Meridian ist Yang und läuft vom Anus über das Steißbein, an der Wirbelsäule hinauf bis zur Mitte des Nackens, über die Mittellinie des Kopfes zu Stirn und Nase, bis er im Zahnfleisch des Oberkiefers endet. Er hat insgesamt achtundzwanzig Punkte.
Der Meridian beeinflußt ein breites Krankheitsspektrum, unter ande-

rem Impotenz, nächtlichen Samenfluß, Sterilität bei Frauen, Hämorrhoiden, Darmvorfall, Verhalten von Urin, rheumatische Beschwerden, Delirium, Kopfschmerzen, Nervosität bei Kindern, heftige Angst, Vergeßlichkeit, andauerndes Weinen, Hysterie, Epilepsie, Krämpfe, Schmerzen in Knie, Hüfte, Rücken und Nacken, steife Wirbelsäule, Taubheit, Stummheit, Vaginalausfluß, Ödem, Verschlechterung der Sehkraft, Durchfall, nervöse Erschöpfung, Schlaflosigkeit, Atemnot, Nasenbeschwerden, lebensbedrohende Krämpfe während Schwangerschaft, Geburt oder im Wochenbett, wunde Stellen im Gesicht, Ohnmacht sowie rötliche, juckende und schmerzhafte Augenwinkel.

Die Nadeln und ihre Anwendung

Bei der Technik der Akupunktur werden die Nadeln üblicherweise an den verschiedenen Meridian-Punkten eingesetzt. Wie Sie nun wohl verstehen werden, handelt es sich dabei nicht um ein zufälliges oder wahlloses Vorgehen, sondern um eine exakte und sehr methodische Wissenschaft. Bevor die Behandlung beginnt, muß der Akupunkteur die Krankheit, den oder die zu behandelnden Punkte, den Typ der einzusetzenden Nadel – in bezug auf Material, Länge, Durchmesser und Form – kennen und erwogen haben, ob die Behandlung zusammen mit anderen Mitteln wie zum Beispiel Wärmebehandlung (siehe Kapitel 9) kombiniert werden soll.

Da jeder Meridian-Punkt zugleich ein zum autonomen Nervensystem gehörendes Nervenkontrollzentrum ist, wird der Akupunkteur, nachdem er die oben angesprochenen Punkte berücksichtigt hat, einen weiteren Test durchführen, indem er einen seiner Finger auf die zu behandelnden Stellen preßt. Wenn der Patient während des Fingerdrucks nichts fühlt, jedoch nach Einführung der Nadel an derselben Stelle einen leichten Krampf ähnlich einem Mini-Elektroschock empfindet, bedeutet das, daß dieser Meridian und sein zugehöriges Organ gesund sind und korrekt funktionieren. Werden jedoch leichte Schmerzen während des Fingerdrucks empfunden, keine jedoch, sobald die Nadel eingeführt wird, dann ist dieser Meridianpunkt nicht funktionstüchtig und greift die Gesundheit des zugehörigen Organs an. Er bedarf daher entsprechender Behandlung.

Noch vor der eigentlichen Akupunktur mußten früher Ausübende dieser Kunst sich nach den »Fünf Elementen« (Wu Hsing) richten. Dies geschah auf folgender Grundlage:

1. Vollständige Diagnose.
2. Der oder die zu behandelnden Meridian-Punkte sowie die vom Patienten einzunehmende Haltung.
3. Art und Länge der zu verwendenden Nadel.
4. Richtung und Tiefe der Einführung.
5. Die Länge der Zeit, bevor die Nadel wieder herausgezogen wird.

Es ist außerordentlich wichtig, daß der Patient in die richtige Position gebracht wird, so daß die Nadel genau an dem geeigneten Punkt eingeführt werden kann. Die Lage des Patienten muß bequem für ihn sein. Mitunter kann es nötig sein, Leib oder Kopf zu stützen, damit der Körper fest und unbeweglich, aber dennoch entspannt ruht. Auch die einzunehmenden Positionen entsprechen den Prinzipien der Fünf Elemente:

1. Am Boden auf dem Rücken liegend.
2. Voll ausgestreckt auf dem Bauch liegend.
3. Auf der Seite liegend, wobei der Körper gestützt wird.
4. Rückwärts gelehnt sitzend, wobei der Rücken gestützt wird.
5. Vornübergebeugt sitzend, die Arme auf einen Tisch gestützt.

Auch das Einführen der Nadel entspricht den Prinzipien der Fünf Elemente. Da dieses Instrument die ganze Arbeit leistet und die nötigen Resultate erzielt, spielt die richtige Verwendung und Anbringung der Nadel eine wichtige Rolle bei der Behandlung.

1. Einführen auf 90° zur Oberfläche der Haut.
2. Einführen auf 45° gegen den Ch'i-Fluß.
3. Einführen auf 45° mit dem Ch'i-Fluß.
4. Flaches Einführen.
5. Tiefes Einführen.

Es gibt allgemeine Richtlinien zur Kontrolle der Ch'i-Energie bei der Akupunktur (Hsia Chen Pien). Diese Richtlinien werden ebenfalls von den Prinzipien der Fünf Elemente bestimmt und setzen jeden Akupunkteur in die Lage, einen bestimmten Meridianpunkt und das mit ihm verbundene Organ anzuregen oder zu beruhigen.

Anregung:

1. Massieren Sie den zu behandelnden Meridianpunkt vor Einführung der Nadel.
2. Führen Sie die Nadel flach ein.
3. Führen Sie die Nadel langsam, aber in einer kreisenden Bewegung ein.
4. Führen Sie die Nadel in einem Winkel parallel zum Energiefluß ein.
5. Führen Sie die Nadel ein, wenn der Patient ausatmet, und entfernen Sie sie, wenn er einatmet.

Beruhigung:

1. Massieren Sie den Meridianpunkt nicht.
2. Die Nadel sollte tief eingeführt werden.
3. Die Nadel sollte schnell eingeführt und schnell wieder zurückgezogen werden.
4. Der Winkel der Nadel sollte entgegengesetzt zur Richtung des Ch'i-Energieflusses sein.
5. Die Nadel sollte eingeführt werden, wenn der Patient einatmet, und muß zurückgezogen werden, wenn er ausatmet.

Die Behandlung ist abgeschlossen, sobald die Nadel zurückgezogen wird, aber selbstverständlich werden zwei oder drei weitere Akupunkturen nötig sein, um das gewünschte Resultat zu erzielen. Einige chronische oder ernsthafte Erkrankungen sind langwieriger, die Behandlung kann sich dann über Wochen und Monate erstrecken.
Mit der Akupunktur werden im allgemeinen schnelle Erfolge erzielt, insbesondere bei der Schmerzbekämpfung, in der sich die Beruhigung als sehr wirkungsvoll erwies. Die seit 1951 in China protokollierten Ergebnisse der Akupunkturbehandlungen bestätigen, daß nahezu 93 Prozent aller Fälle erfolgreich geheilt wurden, was die bemerkenswerte Wirksamkeit dieser alten Kunst beweist. Die Untersuchungen in China und anderen Nationen der Welt werden fortgesetzt, und neue Entdeckungen sind zu erwarten. Das alles ist allein auf die ehemaligen Unterweisungen der »Söhne des reflektierenden Lichtes« zurückzuführen.

13. Tao Yin – Taoistische Atemtherapie

Atemtherapie war lange eine sehr verbreitete Kunst im alten China. Die Taoisten machten sie sich nicht nur wegen ihrer therapeutischen Qualität zu eigen, sondern auch weil sie erkannten, daß in der Natur alles atmen muß um zu leben: »Atem ist Leben«.

Der Glaube der Taoisten gründete auf einem von Vernunft und gesundem Menschenverstand bestimmten Verständnis der Natur und des menschlichen Körpers. Atemübungen gehörten nicht nur fest zu ihrem täglichen Leben, sondern sie experimentierten auch in größerem Ausmaß, um das Wesen und den wahren Nutzen des Atems für die physische und spirituelle Seite ihres Lebens herauszufinden. Es ist also nicht verwunderlich, daß dieses dynamische Medium des Atems, der das Leben gibt und erhält, sich schließlich zu einem eigenständigen therapeutischen System entwickelte. Dieses war so eng mit dem natürlichen Leben verbunden, daß es automatisch ein fester Bestandteil der taoistischen Lebensweise wurde.

Viele Leute glauben, daß die Atemkunst ungefähr im ersten Jahrhundert nach China kam, als die Chinesen erstmals mit dem Buddhismus in Kontakt kamen. Diese Annahme ist aber umstritten, da die eigentlichen Grundlagen dieser dynamischen Kunst mit den »Söhnen des reflektierenden Lichtes« aufkamen. Wie dem auch sei, schriftliche Aufzeichnungen existierten in jenen Zeiten nicht, und so wurde die Atemkunst erstmals ungefähr im sechsten Jahrhundert v. Chr. in einer Aufzeichnung auf einer Jadetafel erwähnt. Wir wissen jetzt, daß die taoistische Kunst des K'ai Men (Offene Tür) – dies ist das taoistische Yoga-System des alten China – sich die Yin- und Yang-Atemübungen zur Stärkung und Verlängerung des Lebens angeeignet hat.

Ursprünglich gab es zwanzig dieser besonderen Atemübungen: acht Yin, acht Yang und weitere vier gemischt aus Yin und Yang. Seit diesen ersten Übungen sind weitere zwanzig hinzugekommen; inzwischen also vierzig insgesamt. Jede einzelne hat eine spezielle Funktion und ist daher ein wesentlicher Bestandteil aller taoistischen Künste, einschließlich Ch'ili Nung (Der Weg der Okklusion).

Die grundlegenden Prinzipien taoistischer Atemtherapie beruhen sowohl auf dem Yin und Yang als auch auf den Regeln der Fünf Elemente (Wu Hsin). Daher haben sie ein enormes Potential, Harmonie herzustellen zwischen den verschiedenen Organen des Organismus. Erreicht wird das alles durch das Medium der verschiedenen Atemübungen, die wiederum eng verbunden sind mit einer Vielfalt körperlicher Bewegungen, so daß Wirkung und Nutzen der Atemtherapie verstärkt und beschleunigt werden.

Einige der Übungen führen zu einer Beruhigung, andere zu Anregung und Stärkung, während wieder andere dazu beitragen, die innere Ch'i-Energie und die äußere Li-Energie zu aktivieren, nutzbar zu machen und zu pflegen. Über die derart erreichte Gesundheit unterstützen sie die Erschließung des Körpers, erhöhen die Wirksamkeit des autonomen Nervensystems, steigern das Denkvermögen, verleihen stärkere Kontrolle über den Verstand, verstärken das Wahrnehmungsvermögen und die Intuition, fördern das moralische Denken und geben dem Gemüt Ruhe, was wiederum zu innerer Harmonie und größerem Glück führt. Mit der Zeit werden diese Übungen langsam die Bahnen öffnen, welche die Energie-, Nerven- und psychischen Zentren beeinflussen, und so dem einzelnen zu tieferem Verständnis, Bewußtsein und Wahrnehmungsvermögen für die spirituelle Welt verhelfen.

Tao Yin bedeutet »Die geheime Insel«, auch bekannt als T'u Na, was »Plötzliche Hemmung« bedeutet. Das ist ein Ausdruck, der die vernichtende Wirkung beschreibt, die die Kombination von Atem- und physischen Übungen auf Krankheit hat. Das dynamische taoistische System der Atemübungen ist keinesfalls von zufälligem oder wahllosem Vorgehen bestimmt. Vielmehr hat es sich nicht nur seit Tausenden von Jahren bewährt, sondern wurzelt auch tief im taoistischen Verständnis der Prinzipien des Universums.

Das »Nei Ching« erklärt, wie methodisch die frühen Taoisten vorgingen, um mit den Gesetzen des natürlichen Lebens in Einklang zu sein. Es heißt, »daß bei warmem und sonnigem Wetter, wenn der Mond voll ist oder zunimmt, der Fluß des Atems am besten ist, da ein Mensch dann auf der Höhe seiner Leistungsfähigkeit steht; aber bei kälteren Temperaturen, während der Neumondphase oder bei abnehmendem Mond, ist diese Periode Yin und mit sehr tiefen Kontraktionen verbunden. Das wirkt sich natürlich auch auf die Lungen aus, die Atmung verflacht und der Mensch fühlt sich abgespannt und erschöpft.« Ich schreibe dies Anfang Juni 1983, es ist kein Mond am

Himmel zu sehen, und ich erhalte Hunderte von Briefen oder Anrufen von Leuten, die alle unter Heuschnupfen oder Asthma leiden. Ein besseres Beispiel für die Richtigkeit der taoistischen Beobachtungen kann ich mir nicht vorstellen. Die in diesem Kapitel beschriebene Atemübung ist für Leute gedacht, die unter solchen Lungenbeschwerden leiden.

Yin-Atmung

Dies ist eine sehr flache Atmung, und die meisten Menschen in der westlichen Welt atmen so. Sie ist sehr ungesund und Ursache vieler Brust-, Hals- und Kopfleiden. Sie hebt bei der Einatmung den oberen Brustkorb, die Schultern und das Schlüsselbein und ist allgemein als Brustatmung bekannt. Da sie einen Druck auf das Zwerchfell ausübt, bekommen die Lungen nur sehr wenig Luft, was bedeutet, daß das Blut und der Organismus nur sehr wenig Nutzen davon haben.

Yang-Atmung

Yang-Atmung ist eine sehr tiefe Atmung, denn sie geschieht wesentlich unter Benutzung des Zwerchfells. Im Westen wird sie darum als Zwerchfellatmung bezeichnet. Diese Art der Atmung gibt den Lungen mehr Freiheit, so daß deren Aufnahmefähigkeit größer wird. Auch verhilft sie den Muskeln zu größerer Elastizität. Durch den Druck auf die Organe des Unterleibes, die nach außen gepreßt werden, erhalten diese eine innere Massage. Dies alles wirkt sehr anregend sowohl auf die Lungen, die einen stärkeren Druck und mehr Kraft akzeptieren müssen, als auch auf den Unterleib, der mehr Li-Energie aus dem Universum aufnehmen kann.

Yin/Yang-Atmung

Diese Atmung kann auf zwei Arten ausgeführt werden:

1. Die Einatmung sollte so stark sein und so lange andauern wie die Ausatmung.
2. Füllen Sie den Brustkorb mit so viel Luft wie möglich und lassen Sie diese dann, wie bei der Zwerchfellatmung, nach unten fließen. Kehren Sie mit dem nächsten Atemzug den Prozeß um: Atmen Sie im Bauch so tief wie möglich ein und lassen Sie die Luft dann in den Brustkorb fließen, bevor Sie ausatmen.

Taoistische Atemtherapie ist eine der umfassendsten und dynamischsten Methoden zur Ausnutzung der körperlichen Möglichkeiten.

Damit wird zum einen der Zugang zu den Funktionen und Schwingungen der psychischen Zentren, zum anderen zu den Kontrollzentren zum und vom Verstand und dem Unterbewußtsein eröffnet. All dies wird am Ende die Tür zu Ihrer eigenen Seele aufschließen.

Es ist sehr bedauerlich, daß so viele Menschen im Westen so schlecht und so flach atmen und nur zwei Drittel ihrer Lungenkapazität nutzen. Dadurch vergrößert sich die Zahl der Menschen mit einer schlechten Körperhaltung immer mehr, die wiederum ein schwaches Atem- und Kreislaufsystem bedingt und schließlich viele ernsthafte Krankheiten verursacht. Diese ganzen Probleme lassen sich leicht vermeiden durch einen Wechsel der Eßgewohnheiten, d. h. indem Sie die Richtlinien der taoistischen Therapie für ein langes Leben (Ch'ang Ming) befolgen, und durch die Ausführung von ein oder zwei ausgesuchten Atemübungen am Tag.

Die Taoisten haben bewiesen, daß die Grundlagen der Gesundheit von der Ernährung nach der Ch'ang Ming-Weise sowie von angemessenen und korrekten Atemgewohnheiten abhängen. Das ist einer der vielen Gründe, warum so viele Weise und Philosophen des alten China bis zu 150 oder 200 Jahre alt wurden. Sie hatten gelernt, Yin und Yang in sich selbst durch natürliche Nahrung und korrekte Atemgewohnheiten ständig zu harmonisieren. Sie hielten ihren Körper auch im Alter jung und geschmeidig und genossen so die Vorteile eines langen, gesunden Lebens.

All jene, die schlecht essen, trinken und atmen, treiben ihren Körper schließlich in die Krankheit; jene, die sich der Weisheit verschließen, binden sich an die Krankheit, und jene, die sich den Grundsätzen des Tao entgegenstellen, töten ihre Seele.

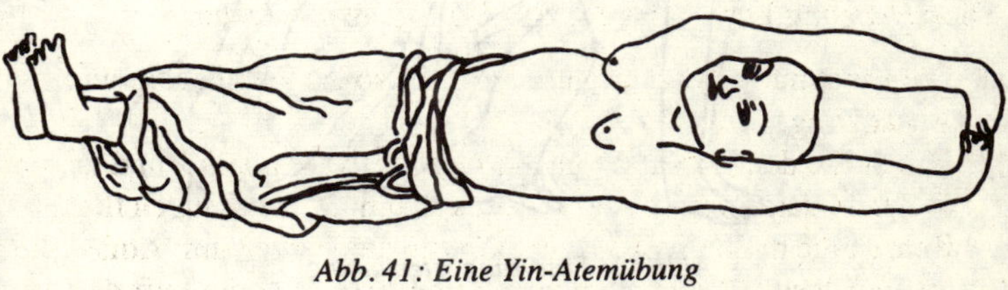

Abb. 41: Eine Yin-Atemübung

Ausgangsposition:

Legen Sie sich flach auf den Rücken, die Arme an Ihren Seiten und die Hände seitlich an den Oberschenkeln.

1. Atmen Sie ein – langsam und tief, und bringen Sie gleichzeitig Ihre Arme vor Ihrem Körper nach oben, führen Sie die Bewegung weiter, bis sich die Arme über Ihrem Kopf befinden. Wenn möglich, sollten Sie versuchen, mit den Händen den Fußboden zu erreichen, wobei sich Ihre Fingerspitzen berühren sollten.
2. Atmen Sie aus – sehr langsam, durch Ihre Zähne, wobei Sie einen sehr starken, anhaltenden Zischlaut von sich geben. Je stärker Sie zischen, desto größer wird die Wirkung sein. Gleichzeitig führen Sie die Arme in einem großen Bogen wieder zurück in die Ausgangsposition.
3. Wiederholen Sie die Übung viermal. Wenn Sie unter Lungenbeschwerden leiden, sollten Sie die Übung in den frühen Abendstunden durchführen.

Nutzen:
Gut gegen Asthma, Heuschnupfen, Schmerzen im Nacken und in den Schultern, steife Oberarme und steifen Rücken.

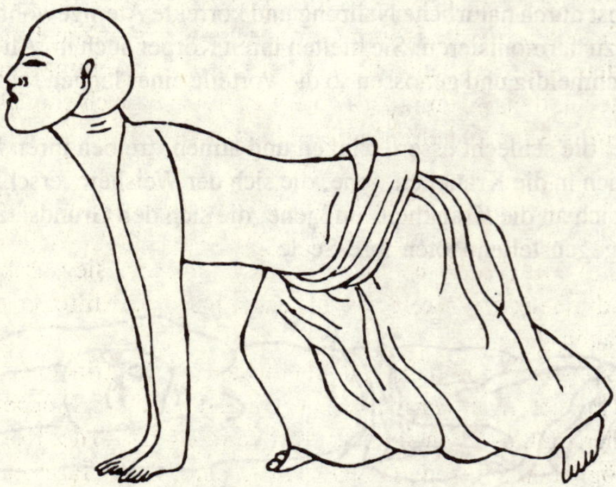

Abb. 42: Eine Yang-Atemübung

Ausgangsposition:
Sie stehen, die Füße schulterbreit voneinander entfernt, die Arme locker neben dem Körper.

1. Atmen Sie ein – tief in den Unterbauch hinein, und führen Sie den rechten Fuß einen Schritt nach vorne. Beugen Sie die Knie, während Sie mit den Händen, direkt unter Ihren Schultern, den Fußboden berühren. Ihr Rücken sollte gerade sein und Sie sollten geradeaus nach unten schauen.
2. Atmen Sie aus – durch den Mund, während Sie Ihren Rücken soweit wie möglich nach oben wölben und Ihren Kopf nach unten führen, wobei Sie versuchen sollten, zwischen den Beinen hindurchzusehen.
3. Atmen Sie ein – während Sie Kopf und Rücken wieder in eine gerade Linie bringen.
4. Atmen Sie aus – während Sie Ihren Rücken nach unten durchhängen lassen und Ihren Bauch in Richtung Boden drücken, führen Sie Ihren Kopf gleichzeitig soweit wie möglich nach oben.
5. Atmen Sie ein – während Sie den Kopf und den Rücken wieder in eine gerade Linie bringen.
6. Atmen Sie aus – während Sie sich aufrichten und in die Ausgangsposition zurückgehen.
7. Wiederholen Sie die Übung, diesmal mit dem linken Bein vorn. Wiederholen Sie dann die komplette Übung (einmal mit dem rechten und einmal mit dem linken Bein vorn) noch einmal. Es ist ratsam, sie mit leerem Magen auszuführen.

Nutzen:
Gegen Hexenschuß und alle Arten von Rückenschmerzen; die Übung stärkt die Wirbelsäule und gibt ihr eine größere Biegsamkeit, sie kräftigt die Beckenmuskeln und ist daher eine große Hilfe für schwangere Frauen.
Die Atmung trägt durch das mit jedem Atemzug stattfindende Vibrieren und Pulsieren zur Harmonie von Yin und Yang bei. Machen Sie es sich daher zur Gewohnheit, stets tief zu atmen, so daß der Körper den größtmöglichen Nutzen daraus ziehen kann. Die Taoisten haben diesen Effekt bereits vor vielen tausend Jahren erkannt – erkennen auch Sie ihn.

Denken Sie daran, daß die Substanz des Atems zu Beginn und am Ende Ihres Lebens am größten ist. Alles, was Sie zu tun haben, ist, den Raum zwischen diesen beiden Höhepunkten auszufüllen. Daher:

Lernen Sie zu atmen – und Sie werden leben.
Lernen Sie, gut zu atmen – und Sie werden über eine stabile Gesundheit verfügen.
Lernen Sie, tief zu atmen – und Sie werden ein langes Leben erreichen.
Lernen Sie zu atmen, ohne zu atmen – und Sie werden spirituelle Unsterblichkeit erlangen.

Befolgen Sie also diese alte taoistische Erkenntnis und diese Lebensregeln – sofort und für Ihr weiteres Leben.

14. T'i Yu – Taoistische Körperkultur

Körperübungen sind seit jeher Teil der chinesischen Kultur; und die Chinesen haben sie aus einer Vielzahl von Gründen ausgeführt: zum eigenen Vergnügen, als Ausdruck ihrer Gefühle und Gedanken, um fit und geschmeidig zu bleiben, um jede Bewegung zu beherrschen, egal wie kompliziert eine bestimmte Technik auch sein mochte, um den Verstand zu stärken, um das körperliche Gleichgewicht zu festigen und um zu lernen, jeden Vorgang in einer einzigen schönen und doch dynamischen Bewegung harmonisch und aufeinander abgestimmt auszuführen. Manchmal wurden die Übungen in einer streng kontrollierten Gruppe durchgeführt und waren von Musik bzw. einem Schlagrhythmus begleitet; öfter jedoch wurden sie allein, nur mit der Natur und dem Universum als Gesellschaft, praktiziert. Es war nicht ungewöhnlich, daß Künstler das Land bereisten und ihre körperlichen Fertigkeiten vorführten.

Die Übungen wurden nicht nur als Mittel zur Selbstdarstellung und um fit zu bleiben eingesetzt, vielmehr dienten den Taoisten viele ihrer Aspekte über Tausende von Jahren hinweg als Grundlage zur bewegungstherapeutischen Behandlung von Krankheiten. Die einzelnen Stellungen, die auf die Beobachtung von Haltung, Gehabe, Gewohnheiten und Bewegungen der Tiere gegründet wurden, waren in jenen alten Zeiten jedoch eher statisch. Die eigentlichen Übungen waren außerdem wohl eher starr, straff, hart und anstrengend. Sie wurden daher hauptsächlich von hingebungsvollen Männern praktiziert, die hartnäckig gewillt waren, sich nicht von diesen sehr energischen Trainingsmethoden abschrecken zu lassen.

Im Jahre 1100 vor Christi, in der Chou-Dynastie, fanden dann radikale Veränderungen nicht nur im Bereich körperlicher Aktivitäten, sondern auch hinsichtlich der Entwicklungstrends von Einstellungen und Denkweisen statt. Diese Änderungen hatten einen nachhaltigen Effekt auf das zukünftige Leben der chinesischen Nation. Alle körperlichen Übungen, ihr Gebrauch und ihre Zielsetzung, wurden

mit völlig neuen Methoden angegangen, und die Bewegungskünste begannen sanfter und nachgiebiger zu werden. Für den menschlichen Körper war dieser Einfluß von großem Nutzen.
Damit die Grundlage des neuen Weges von jedermann eingehalten werden konnten, formulierten die Taoisten sie den Prinzipien der Fünf Elemente (Wu Hsing) gemäß:

1. Innerlich
2. Äußerlich
3. Vorn
4. Hinten
5. Zentral (Tan T'ien)

Diese Prinzipien regieren den menschlichen Körper und bestimmen die Entwicklung und den Fluß der inneren Energie (Neichung Ch'i), der Lebenskraft (Sheng Ch'i), und der äußeren Energie (Ching Sheng Li). Außerdem steuern sie die Richtung des Energieflusses über Vorder- und Rückseite des menschlichen Körpers und schließlich die Quelle seiner Aktivierung, Speicherung und Erzeugung (den Tan T'ien – siehe Kapitel 15 *Der Weg der Okklusion*).
Dann wurden weitere fünf Prinzipien formuliert, die den Gebrauch des Körpers in bezug auf die auszuführenden Übungen betreffen:

1. Kopf
2. Rumpf
3. Arme und Hände
4. Beine und Füße
5. Gleichgewicht

Diese wurden wiederum in fünf weitere aufgeteilt, denn die Richtung der Bewegungen mußte in Verbindung gebracht werden zu den Übungen, und auch die verschiedenen Arten der Bewegung erforderten eine Spezifizierung:

1. Hinauf und hinunter
2. Vorwärts und zurück
3. Links und rechts zur Seite
4. Zentrifugal
5. Zentripetal

Auch diese wurden von den Taoisten peinlich genau noch in je weitere fünf Kategorien eingeteilt, um sicherzustellen, daß selbst das kleinste Element sorgfältig und genau behandelt wird, ohne einen Aspekt zu vergessen oder zu vernachlässigen.
Es kam schließlich dazu, daß körperliche Übungen und Bewegungen, die zuerst vor allem zur Selbstverteidigung und militärischen Zwekken dienten, mehr und mehr der Allgemeinheit zugänglich wurden und auch von Frauen und Kindern ernsthaft betrieben werden konnten. Die chinesische Bewegungstherapie entwickelte sich zugleich mit der Ausbreitung der Körperkultur, die ganz China erfaßte.
Die Chou-Dynastie setzte in der chinesischen Geschichte innerer wie äußerer Entwicklung beeindruckende Zeichen, vor allem für die gestaltenden Künste, aber auch für Medizin und Körpertherapie. Zu dieser Zeit lebten auch die meisten berühmten Philosophen Chinas, unter ihnen Konfuzius, Menzius, Lao Tzu und Chuang Tzu, deren Lehren bis zum heutigen Tag wirken, denn sie sind tief verwurzelt im Leben der Chinesen, ihrer Erziehung und ihren Weltanschauungen.
Gemäß den Prinzipien der Fünf Elemente konzentrierten die Taoisten ihr Bemühen auf das Gleichgewicht von Yin und Yang zwischen Innen und Außen. Hieraus entstanden die zwei Bewegungskünste des T'ai Chi Ch'uan (Die höchste Erkenntnis) und des K'ai Men (Offene Tür), die beide dem höchsten Gesetz folgen, das für die körperliche Seite menschlichen Lebens gilt: die »Bewegung mit Stille« (Yun Tung Pu Yun Tung).
Während der Han-Dynastie kam es jedoch zu einem Rückschritt, der über 400 Jahre, von 206 vor Christi bis 220 nach Christi, dauerte. Während dieser Zeit wurden alle körperlichen Aktivitäten beschränkt, und der Nation wurden Gesetze aufgebürdet, die jeden verpflichteten, Schulen zu besuchen, um das Niveau der Literatur anzuheben. Schließlich wurden Pflichtprüfungen eingeführt, die man alle drei Jahre abhielt. Sie wurden von den Beamten sogar dann noch durchgeführt, als der Niedergang der Dynastie aufgrund vieler feudalistischer Kriege, die in allen Teilen Chinas ausbrachen, bereits begonnen hatte. Obwohl während dieser Zeit die Bewegungskünste offiziell schlecht angesehen waren, lebten sie weiter, da ihre Grundlagen fest in der chinesischen Lebensweise verwurzelt waren, und erfuhren nach der Han-Dynastie eine neue Blütezeit, die bis heute andauert.
Nicht nur die »äußeren« Künste wurden mit derselben Begeisterung

wie zuvor praktiziert, sondern mehr noch die weicheren oder »inneren« Künste. Der Einsatz der inneren Energie als eine nach außen gerichtete Kraft und der Gebrauch der äußeren Kraft als innere Energie wurden eingehend studiert. Hier Fortschritte zu erzielen, hieß jedoch, daß die Bewegungen nachgiebiger, flexibler und weicher werden mußten. Dies war die Zeit, wo T'ai Chi Ch'uan (Die höchste Erkenntnis), K'ai Men (Offene Tür), Tao Yin (Atemtherapie) und Lien K'ang (Übungen der Ruhe) entstanden. Obwohl die Grundlagen hierfür bereits viele tausend Jahre zurückreichen, wurden die Künste erst in dieser Zeit allgemein bekannt und weiterentwickelt.
Eine weitere Entwicklung trat mit der Lehre und dem Wirken von Hua T'or (136–208 n. Chr.) ein, der als Vater der Körperkultur in China gilt. Er war es, der die »Fünf Tier«-Lehrweise formulierte, die auf den Bewegungen von Bär, Hirsch, Kranich, Tiger und Affe basierte. Dadurch wurden höchste körperliche Fertigkeiten erreicht. Gleichzeitig setzte er auch die taoistische Atemtherapie ein. Diese beiden sollten jedem dabei helfen, das »normale« Alter von hundert Jahren zu erreichen.
Die Prinzipien seiner Lehre waren dieselben, die von den Taoisten Tausende von Jahren zuvor niedergelegt worden waren. Sie basierten auf:

1. Shen – Geist
2. Ching – Essenz
3. Chieh P'ou Shu – Anatomie
4. Chi – innere Energie
5. Li – äußere Energie

Indem die Taoisten ihr Verständnis des Höchsten Geistes (Yuang Tati), der das Tao, Yin und Yang und die fünf Elemente schuf, entwickelten, erkannten sie das Universum und alles, was darin enthalten ist. Die Taoisten setzten also mit ihren Studien beim wirklichen Ursprung des Lebens an, indem sie zuerst die spirituelle Welt erforschten und dann das Wesen aller Dinge zu verstehen suchten. Schließlich schlossen sie den Kreis, indem sie sich sich selbst zuwandten. Dies schloß natürlich auch die Erforschung des Körperaufbaus ein, einschließlich der Organe und Meridiane, der Gesundheit und der Energien und Kräfte, auf denen das Leben beruht. Alle chinesischen Heilkünste sind auf eben diese Grundlagen zurückzuführen.

In der bewegungstherapeutischen Anwendung von T'i Yu sollten die Übungen ohne Anspannung oder Überanstrengung ausgeführt werden. Die Bewegungen sollten immer sanft und ruhig fließend sein und kreisförmige Bewegungen des Kopfes, des Körpers, der Hände, Arme, Füße und Beine enthalten. Ein »Halten« von Positionen oder Techniken sollte es nicht geben. Auf eine Yang-Bewegung muß eine Yin-Bewegung folgen und umgekehrt. Muskelkraft sollte überhaupt nicht eingesetzt werden, denn das Ziel war, zuerst mit vollem Vertrauen und ganzer Konzentration sich der Entwicklung und dem Gebrauch der Chi-Energie zu widmen, um schließlich zur Nutzung, Erweiterung und Kontrolle der Li-Energie zu gelangen.
Die obere Hälfte des Körpers beeinflußt die untere Hälfte und umgekehrt. Die Bewegungen sollten langsam und fließend sein, sie sollten nicht unterbrochen oder angehalten werden. Der Ausübende muß sich in einem friedvollen und ruhigen Zustand befinden und darf keinen störenden Gedanken nachhängen. Egal welche Bewegung ausgeführt oder welche Position eingenommen wird, die Balance muß jederzeit beibehalten werden, und das Gleichgewicht zwischen Yin und Yang muß konstant sein.
Die Übungen der taoistischen Atemtherapie (Tao Yin) sollten in einem Zustand des Friedens und der Ruhe, verbunden mit einer langen und tiefen Atmung, ausgeführt werden. Für Beruhigung und Anregung gibt es jeweils die richtige Stunde, am Tag oder nachts, zu der sie am besten wirken. Diese Zeiten müssen beachtet werden. Die ideale Zeit zum Üben ist eine Stunde nach Sonnenaufgang und eine Stunde vor Sonnenuntergang, und zwar am besten in der frischen Luft. Denken Sie daran, daß aus gesundheitlichen Gründen die Mahlzeiten etwa eine Stunde nach dem Training eingenommen werden sollten. Die Kleidung sollte locker, leicht und bequem sein.

T'ai Chi Ch'uan (Die höchste Erkenntnis)
Nur T'ai Chi zu praktizieren, das je nach Schule und Stil 108 bis 140 Bewegungen umfassen kann, heißt, daß nur ein Achtel der ganzen Kunst praktiziert wird. Mit anderen Worten, man streift dann nur die Oberfläche dieser alten taoistischen Bewegungskunst. Die vollständige Kunst enthält:

1. Die Form des T'ai Chi Ch'uan
2. Nutzung und Kontrollieren der Ch'i- und der Li-Energie

3. Drückende oder Klebende Hände
4. Wirbelnde Arme
5. Wirbelnde Hände
6. T'ai Chi Tanz
7. T'ai Chi Stock
8. T'ai Chi Schwert

T'ai Chi Ch'uan ist in erster Linie eine Demonstration der nach außen gerichteten Yang-Bewegungen, die einhergehen mit dem inneren Gegenpol des Yin, nämlich Frieden und Ruhe. Die Bewegungen und ihr therapeutischer Wert haben sich über Jahrtausende bewährt. Sie stärken beispielsweise die Organe, beruhigen das zentrale Nervensystem, verbessern die Elastizität und die Struktur der Haut, fördern die Blutzirkulation, koordinieren die Reflexbewegungen, unterstützen das Lymphsystem und helfen Übergewichtigen abnehmen.
In T'ai Chi Stock, T'ai Chi Tanz und T'ai Chi Schwert werden üblicherweise nur Fortgeschrittene unterrichtet, da die körperlichen Anforderungen sehr hoch sind. Viele Bewegungen müssen z. B. in der Luft, während eines Sprunges, mitunter auch fast auf dem Boden kontrolliert werden. Da die verschiedenen Bewegungen nicht nur höchst unterschiedlich sind, sondern zum Teil mit großer Schnelligkeit ausgeführt werden, erfordern sie außerdem eine sehr starke geistige Konzentration.
Auf einem noch weit höheren Übungsniveau wird ausschließlich die Ch'i-Energie eingesetzt, mit der dann nicht nur nach innen gearbeitet wird, sondern die jetzt auch sichtbar gemacht und demonstriert werden muß – und das schließlich auch mit den jeweiligen Waffen. All dies gehört zu Ta Lu (Der hohe Weg), dem Weg zur »Höchsten Erkenntnis«.

K'ai Men (Die Offene Tür)
Diese taoistische Kunst ist der westlichen Welt als Taoistisches Yoga bekannt. Übersetzt heißt es einfach »Offene Tür« (K'ai Men), obwohl man es während seiner langen Geschichte auch als Ho Ping (Einheit) und Ho Hsieh (Harmonie) kannte. K'ai Men (Offene Tür) ist ein sehr zutreffender Name, denn er drückt in zwei einfachen Worten den in dieser Kunst enthaltenen Sinn aus; sie ist das Tor zu allen Kanälen des Verstandes, Körpers und Geistes. Diese drei sind so miteinander verbunden, daß sie eins sind, obwohl sie ihre jeweils eigene Identität

und ihre je besonderen Nutzanwendungen haben. Bei der Ausführung der Übungen werden alle drei harmonisch verbunden, und wir erkennen deutlich, daß K'ai Men die taoistische Form des Ch'i Kung, d. h. der Aktivierung, Kontrolle und Anwendung der Energie ist. Mit fortschreitender Übung bemerken wir jedoch, daß diese Kunst noch weitaus mehr ist. Wir werden uns bewußt, daß sie auch eine Form der Versorgung mit Li Kung, der Energie des Universums, und deren Speicherung ist.

Die taoistische Kunst des K'ai Men kann von allen Menschen, gleich welchen Alters und Geschlechts, ausgeübt werden, da die Übungen weich und sanft sind.

Es gibt fünf »Öffnungen« (K'ou) oder »Tore« (Men k'ou), die die Hauptgebiete des K'ai Men umfassen. Dies sind Geist, Verstand, Körper, die Energien und die Heilung. Zu diesen gibt es natürlich weitere Unterteilungen, aber jeder einzelne Schritt, den wir auf einem dieser Gebiete tun, wird uns dabei helfen, uns der Möglichkeiten unseres eigenen Körpers sowie der Einheit und Harmonie, die wir erreichen können, bewußt zu werden.

K'ai Men und T'ai Chi Ch'uan gehen Hand in Hand, deshalb werden beide in derselben Übungsstunde unterrichtet. Beide Künste haben dasselbe Ziel, obwohl sie aus völlig verschiedenen Richtungen kommen. K'ai Men ist Yin in den äußerlichen Bewegungsabläufen. Aber durch das dynamische Yang-Muskelspiel während jeder Übung und die Harmonisierung des kraftvollen Bewegungsflusses, die durch intensive geistige Kontrolle über alle Energien im Körper erreicht wird, entsteht ein Gleichgewicht von Yin und Yang.

Wie bereits erwähnt, sind die K'ai Men-Übungen sehr sanft, weich und fließend (siehe Abb. 43). Dadurch helfen sie Ihnen, körperliche Geschmeidigkeit und Gewandtheit sowie ein Maß an körperlicher Höchstform zu erreichen, das Sie überraschen wird. Diese Sanftheit ist dank des taoistischen Verständnisses von Yin und Yang perfekt ausgewogen.

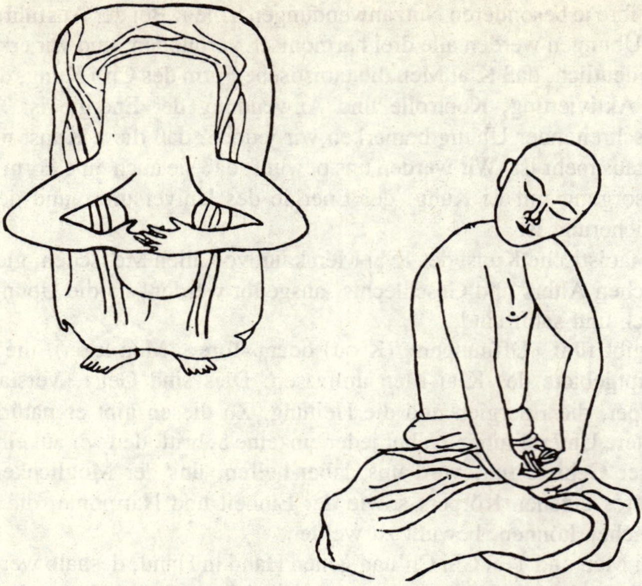

Abb. 43: Aus: »Das Buch der geschmeidigen Muskeln« (Ching Periode)

Auch K'ai Men entspricht den Prinzipien der Fünf Elemente (Wu Hsing), die die Grundlagen dieser dynamischen Kunst bilden. Natürlich gebührt dem Geist die größte Beachtung. Der erste Schritt ist daher, ein umfassendes Verständnis für das Universum und seinen Ursprung, für das Tao, Yin und Yang und die Grundlagen der Fünf Elemente ebenso zu erlangen wie das Bewußtsein und die Wahrnehmungsfähigkeit für den Ihnen und allen Dingen bestimmten Weg.

15. Ch'ili Nung – der Weg der Okklusion

Viele Menschen in der westlichen Welt werden sich unter dieser Überschrift nichts vorstellen können. Das ist nicht weiter überraschend, denn auch die Mehrzahl der Chinesen schätzt diesen Weg in seinem wahren und vollständigen Kern nicht richtig ein. Manche mögen vielleicht etwas darüber gehört oder gelesen oder einige Demonstrationen gesehen haben; trotzdem ist diese Kunst immer noch ein Rätsel für sie. Sie beruht auf den verschiedenen Energieformen und Lebenskräften, die in einem wirklich gesunden Körper existieren.

Es handelt sich hierbei um eine weitere alte Lehre, die die Chinesen von den »Söhnen des reflektierenden Lichtes« erhielten, und seit vielen tausend Jahren profitieren die Menschen nun schon davon. In den chinesischen Heilkünsten spielt sie eine sehr bedeutende Rolle. Einen Teil dieser Energien haben Sie bereits mit der Geburt erhalten und seither zu entwickeln und zu stärken gelernt. Ein anderer Teil muß durch vernünftige Eß- und Trinkgewohnheiten und eine entwickeltere Lebensweise erlangt werden.

All diese Energien kann man fünf Kategorien zuordnen, dem Körperlichen, Geistigen, Innerlichen, Äußerlichen und dem Spirituellen. Alle durchlaufen drei verschiedene Entwicklungsstufen.

Physische Entwicklung

An erster Stelle steht die physische Energie des menschlichen Körpers, die wir ganz automatisch jederzeit nutzen, wenn Sie sich z. B. setzen, sich hinlegen oder sich entspannen. Für uns alle ist diese Energie so natürlich, daß kaum jemand einen Gedanken an sie verschwendet.

Körperliche Kraft oder Gewalt sind kein Zeichen von großer physischer Energie, ganz im Gegenteil; denn große Muskeln neigen dazu, das Wachstum zu verzögern, Spannungen hervorzurufen, den Blutkreislauf einzuschränken, Wasser zurückzuhalten und einige Organe anschwellen zu lassen, während andere zusammenschrumpfen. Alles

in allem lassen sie das volle Potential körperlicher Vitalkräfte eher erschöpfen oder ganz aufbrauchen.
Wenn Sie den ehrlichen Wunsch haben, Ihre physische Energie aufzubauen und durch eine Reinigung Ihres Blutes bleibende Gesundheit zu erlangen, den Kreislauf zu verbessern und die Organe zu stärken, sollten Sie als erstes damit beginnen, Ihre Eßgewohnheiten zu ändern. Sie sollten sich nach Ch'ang Ming, der von den Taoisten begründeten Ernährungstherapie, richten und somit Yin und Yang wieder in Einklang bringen. Diese Änderung der Eßgewohnheiten stärkt die Organe, und Sie werden die ausgezeichnete Gesundheit erlangen, die zum natürlichen Erbe eines jeden Menschen gehört. So wird der Traum physischer Vervollkommnung der Gesundheit wahr.
Haben Sie erst wahre körperliche Gesundheit erreicht, so daß Sie nicht einmal mehr eine gewöhnliche Erkältung bekommen, wird auch Ihre Körperenergie sich so stark entwickelt haben, daß sie Bakterien und Viren abwehren kann. Sie können an Jahren alt werden und sich doch die Vitalität ihrer Jugend in Verbindung mit einer ausgezeichneten körperlichen Gesundheit erhalten.

Geistige Entwicklung

Geistige Energie (Chingshen) wird ebenfalls auf verschiedenste Weise genutzt, unter anderem etwa in den ganz normalen Kanälen des Denkens, um die Bewegungen der Gliedmaßen zu kontrollieren, um den emotionellen Anforderungen unseres Lebens zu begegnen und die durch Streß oder Überanstrengung beeinträchtigten Vitalkräfte zu erneuern. Auch im täglichen Leben brauchen wir sie – beim Spielen, Arbeiten, Auto fahren usw. Ebenso sind sie auch dort beteiligt, wo wir uns ihrer nicht immer bewußt sind, z. B. am Geschmackssinn, der Intuition, dem Wahrnehmungsvermögen und der Übersensibilität. Außerdem natürlich an all den verschiedenen Aspekten von Mo Kung (Taoistischer Zauberstab) und Mo Hsiang (Taoistische Meditation), zwei äußerst umfangreiche Gebiete.
Ferner ist geistige Energie nötig zur Kontrolle, zum Gebrauch und zur Entwicklung aller anderen Lebenskräfte im menschlichen Körper; nicht nur während des Tages, wenn Sie aktiv sind, sondern auch während der Nacht, wenn Sie schlafen. Sie werden jetzt sicherlich verstehen, daß die vollständige Entspannung von Verstand, Körper und Geist für die Gesundheit unerläßlich ist. Entspannung ist aber

auch der Schlüssel zu Ihrem individuellen Leben, denn wenn wir uns vollständig entspannen, können sich die Energiebahnen im Körper und besonders im Kopf weit öffnen und die Lebenskraft frei fließen lassen. Die Bahnen können Sie auch kraft Ihres eigenen Willens wieder schließen, um sicherzustellen, daß die Energien nicht unnötig verschwendet werden. Sie sollten lernen, sie zu sammeln, bis sie für einen wesentlichen Zweck benötigt werden. Deshalb sind diese Energien zur Erlangung und Bewahrung der Gesundheit so wichtig und von allererster Bedeutung, um die geistigen und spirituellen Aspekte Ihres Lebens weiterzuentwickeln.

Streben Sie danach, einen wahrhaft gesunden Körper (d. h. nicht unbedingt einen Körper, der physisch fit ist) durch die Ch'ang Ming-Ernährung zu erreichen, so daß Sie in der Lage sind, geistige Energie zu erlangen, zu erhalten, zu speichern und fließen zu lassen und die Kraft Ihrer inneren Energien zu verstärken. Dann können Sie als nächsten Schritt die Entwicklung ihres äußeren Kraftfeldes angehen. Es mag so aussehen, als ob all diese Dinge separat für sich stehen, was im Grunde auch stimmt – für ihre individuellen Wirkungsbereiche jedenfalls. Es ist aber auch erforderlich, daß sie unter Ihrer geistigen Kontrolle miteinander in Einklang gebracht werden, so daß sie schließlich eine Einheit bilden.

Die nächsten Abschnitte stellen die Hauptbereiche des »Weges der Okklusion« dar. Leider lassen die meisten Menschen es zu, daß diese wenig genutzten, jedoch kraftvollen körperlichen und geistigen Energien verschwendet werden oder sich so erschöpfen, daß sich keine Kontrolle mehr über sie erlangen läßt. So werden sie vergeudet und gehen für immer verloren. Der Durchschnittsmensch wird weder wissen, wieviel Freude und Glück diese Lebenskräfte bringen können, noch jemals wirklich erkennen, wie wichtig sie für sein körperliches, geistiges und spirituelles Leben sind.

Innere Energie

Die Gesundheit des menschlichen Körpers basiert auf der »inneren Energie« (Neichung Ch'i), bekannter wohl als »Lebenskraft« (Sheng Ch'i oder einfach Ch'i). Sie ist einer der wichtigsten Aspekte der »Acht Fäden des Brokat« (Pa Chin Hsien). Ihre Kraft ist sehr dynamisch, ihre Anwendung geradezu unglaublich, und ihr Nutzen für die Gesundheit entzieht sich jeder Vorstellungskraft. Jeder, der die taoistischen Künste ausübt, ist bestrebt, sein Ch'i zu entwickeln, zu aktivieren und zu kultivieren, denn es spielt nicht nur eine wichtige Rolle für die Gesundheit von Körper und Verstand, sondern auch für die spirituelle Entwicklung.

Der »Höchste Geist« (Yuhuang Tati) hat in dieser Welt einige wundervolle Dinge geschaffen, und die Lebenskraft ist eines davon. Sheng Chi möglichst einfach zu erklären und trotzdem verständlich zu machen, worum es sich handelt, ist sehr schwierig. Die Taoisten Chinas haben über viele Tausende von Jahren Nutzen gezogen aus ihrem Verständnis und ihrer Wahrnehmungsfähigkeit der Lebenskraft und dadurch ein sehr langes Leben erreicht. Einige von ihnen wurden, der Legende zufolge, 150 oder 200 Jahre alt.

Bei Sheng Chi handelt es sich um die natürliche innere Kraft des menschlichen Körpers, und sie ist eine viel mächtigere Kraft als rein körperliche, brutale Gewalt es je sein kann. Noch erstaunlicher ist die Tatsache, daß Sie mit ihr geboren wurden, aber im Verlauf der Jahre zugelassen haben, daß sie sich verringerte oder ungenutzt in Ihrem Körper ruht. Auf ihre Art hilft sie, Keime und Bakterien im Körper zu bekämpfen, und das so gründlich, daß Erkältungen und Grippe Ihnen nichts mehr anhaben können und Ihr allgemeiner Gesundheitszustand sich so verbessert, wie Sie es sich niemals hätten träumen lassen.

Wir wissen, was sie ist, wie sie bewahrt, kontrolliert, aktiviert und kultiviert werden kann, von wo sie ausgeht und welchen Effekt sie auf die Gesundheit hat. Wir wissen auch, daß wir andere mit der Lebenskraft heilen können und daß der Körper sie über eine Distanz von mehreren hundert Metern hinweg ausstrahlen kann. Es ist eine immaterielle Kraft, unsichtbar für die Augen. Sie kann nicht gehört werden, verströmt keinen Geruch und ist doch, obwohl von immaterieller Substanz, sehr materiell. Sie ist wirklich und doch unwirklich, sie ist starr und doch biegsam. Sie hat kein Gewicht und kann doch nicht gehoben werden, sie ist weich und sanft wie eine Morgenbrise und kann doch so hart wie Eisen sein. Sie kann wahrgenommen werden, wenn Ihr Empfindungsvermögen stark genug ist oder ausreichend trainiert wurde, um ihre Anzeichen zu erkennen. Sie ist das Leben und Zentrum Ihres eigenen Lebens, denn die ganze Menschheit wurde mit ihr geboren. Sie entstand als Sie sich noch im Mutterschoß befanden, und wird Sie mit Ihrem letzten Atemzug verlassen.

Ihr Ch'i fließt ständig in Ihnen, aber leider gebraucht man ab dem fünften oder sechsten Lebensjahr mehr die Körper- und Muskelkraft und reduziert dadurch die Ch'i-Energie. In einigen Menschen ruht sie aufgrund schlechter Gesundheit und mangelnden Energieflusses. Sie muß zuerst wieder aktiviert werden, wobei möglicherweise erst einige Schwierigkeiten zu überwinden sind. Sobald Sie ihren Ch'i-Fluß jedoch gefühlt haben, können Sie ihn Tag für Tag weiter kultivieren, so daß er stärker und stärker wird. Alles wird von Ihrer Hingabe abhängen, denn auf diesem Weg gibt es keine Abkürzungen, und Sie müssen alle Stufen durchlaufen, eine nach der anderen, bevor Sie das absolut Höchste erreichen können. Dann, und nur dann, werden Sie den dynamischen Nutzen andauernder Gesundheit, eines ruhigen Verstandes, von Frieden, Glück und Langlebigkeit erreicht haben. Viele Legenden berichten über Taoisten, die in völliger körperlicher und geistiger Frische ein sehr hohes Alter erreichten. Selbstverständlich erlangten sie mit zunehmendem Alter das größere Verständnis, die Kenntnis, Erfahrung und Weisheit, die nur die Zeit mit sich bringen kann. Dies, zusammen mit den Wohltaten der dynamischen Energien, sicherte ihnen größeren geistigen Ausblick und Stärke.

Erste Stufe

Die erste Voraussetzung zur Erlangung innerer Kraft (Ch'i) ist die Entspannung von Verstand, Körper und Geist. Wir wissen jedoch, daß wahre Entspannung eines der am schwersten zu erreichenden Ziele ist. Es genügt nicht, sich in den nächsten Sessel fallenzulassen, denn diese Art, sich zu entspannen, ist lediglich ein Loslassen all Ihrer körperlichen Energien und läßt Ihre Muskeln, Sehnen, Gewebe und Ihren Verstand schlaff und faul werden. In den taoistischen Künsten nutzen wir die Perioden völliger Entspannung, um Energie zu speichern, so daß wir sie immer dann zur Verfügung haben, wenn wir sie benötigen. Es gibt keine vorgeschriebenen Entspannungsperioden; Sie müssen aber stets in der Lage sein, sich zu entspannen, egal ob während der Arbeit, beim Spiel, Spazierengehen oder wenn Sie sich setzen. Einer der ersten Schritte auf dem Weg dahin besteht also darin, daß Sie sich gefühls- und verstandesmäßig weit öffnen, damit es in Ihrem Inneren nicht das kleinste Hindernis gibt und auch nicht die geringsten Anzeichen von Streß oder Überanstrengung vorhanden sind. Die strikte Einhaltung der Ch'ang Ming-Ernährung wird Ihnen bei der Erreichung dieses Ziels eine große Hilfe sein.

Der nächste Schritt in dieser ersten Phase besteht darin, daß Sie die natürlichen Energien Ihres Körpers aufbauen. Vergleichen Sie sich mit einer Speicherheizung, die, wenn sie arbeitet, Wärme in den Raum pumpt, sie aber während der ruhigen Perioden speichert, um sie später verwenden zu können. Ihre Ch'i-Energie arbeitet in gleicher Weise, denn wenn wir uns Zeit zur Entspannung geben, nutzen wir diese Periode, um weitere Energie zu sammeln. Innere Kraft oder Ch'i ist Wärme, und so werden Sie die Zusammenhänge noch besser verstehen.

Wir müssen jedoch gleichzeitig den Prozeß der Energieerzeugung steigern und sicherstellen, daß wir genügend speichern. Deshalb sollten Sie sich nicht nur nach der Ch'ang Ming-Weise ernähren, sondern auch die verschiedenen taoistischen Atemübungen praktizieren. Dies wird Ihnen bei der Entspannung helfen und die Wärmeerzeugung unterstützen, so daß mehr Energie produziert werden kann und größere Mengen zur Speicherung verfügbar sind.

Zweite Stufe

Dieses Stadium ist uns bekannt als Periode »Forttreibender Bewegung« (T'uichin Yuntung). Der Schüler beginnt zu lernen, wie er seine Ch'i-Energie durch Willenskraft vom Unterbauch in die verschiedenen Körperteile leiten kann. Wenn Sie einen Wasserhahn oder ein Ventil aufdrehen, wissen Sie, daß Sie damit eine Leitung öffnen können, so daß das Wasser durch das Rohr zu fließen beginnt, ohne daß Sie das Rohr selbst aktivieren müssen. Sie können beispielsweise auch den Lichtschalter betätigen und wissen, daß im selben Moment der elektrische Strom durch die Drähte läuft, ohne daß Sie hierbei etwa die Drähte irgendwie anregen müßten. Ihre Knochen, Muskeln und Gewebe sind die Rohre und Drähte, in ihnen befinden sich die Leitungen, in denen die Energie entlangfließt. Sie leiten Ihre Ch'i-Energie in jeden Teil Ihres Körpers, ohne daß Sie sich bewegen müssen. Mit anderen Worten, es bedarf nicht der geringsten Körper- oder Muskelkraft, um den Fluß Ihrer inneren Energie zu fördern.

Auch für dieses Stadium gibt es spezielle taoistische Atemübungen zur zusätzlichen Anregung des Energieflusses und zur Unterstützung der geistigen Kontrolle über sich selbst. Sie helfen auch dabei, das Ch'i in bestimmten Punkten des Konzeptions- und des Gouverneur-Meridians und in den psychischen Zentren, die selbst zentrale Ausstrahlungspunkte sind, einzuschließen.

Über die Dauer dieses Stadiums kann nichts gesagt werden. Sie ist ganz abhängig von der persönlichen Hingabe, der Stärke des Verstan-

des, der Geisteshaltung, der Tiefe und Kontrolle der Entspannung, einer umfassenden Gesundheit, dem Umfang der Wärmeerzeugung, der Qualität und Quantität der Speicherzentren und der Fähigkeit, den Energiefluß zu kontrollieren und voll auszunutzen.
Die goldenen Regeln dieses Stadiums sind:

1. Erlangen Sie vollständige Selbstbeherrschung.
2. Erreichen Sie völlige Entspannung von Verstand, Körper und Geist.
3. Entwickeln Sie ein Gefühl für die Erzeugung dieser inneren Energie und Wärme.
4. Lernen Sie, wie Sie sie sorgfältig speichern können.
5. Lernen Sie, sie im Körper dorthin zu lenken, wo sie benötigt wird.

Dritte Stufe
Dies ist die höchsterreichbare Stufe in der Kontrolle der inneren Kraft. Trotzdem kann jeder dorthin gelangen, vorausgesetzt, Sie räumen sich selbst die nötige Zeit dazu ein. Wenn Sie die geistige Fähigkeit und die erforderliche Hingabe haben, können Sie sie in fünf oder sechs Jahren erreichen. Sie könnten aber auch fünfzig Jahre benötigen, und viele werden es überhaupt nicht schaffen. Ob es Ihnen gelingt oder nicht, hängt voll und ganz von der Hingabe ab, mit der Sie dieses Ziel verfolgen.
Die Ch'i-Energie ist, wie gesagt, eine Form von Wärme, und kann willentlich in jeden Teil des Körpers geleitet werden. Ihr Unterbauch (Tan T'ien), wo die Ch'i-Energie gespeichert wird, kann nur eine begrenzte Menge Energie aufnehmen, und daher wird er früher oder später unweigerlich überfließen. In der Lage zu sein, soviel Lebenskraft zu erzeugen, daß mehr und mehr ausströmt, ist der eigentliche Zweck zu Beginn des Trainings. Durch weitere taoistische Atemübungen wird dieser Prozeß zunächst unterstützt, um dann zu versuchen, das Ausströmen auf einem konstanten Niveau zu halten. Auf diese Weise wird auch das Wärmepotential verstärkt und die Gesundheit derart verbessert, daß selbst eine gewöhnliche Erkältung oder Kopfschmerzen der Vergangenheit angehören. In den taoistischen Künsten kennen wir Mittel und Wege, die Menge der Ch'i-Energie und den Grad ihrer Stärke nachzuweisen. Jeder kann von Zeit zu Zeit seine Fortschritte durch solche einfachen Tests messen.
Zuerst fließt die innere Energie vom Unterbauch (Tan T'ien) in den

unteren Beckenbereich (Ku P'an), von dort entlang der Wirbelsäule nach oben und über den Kopf durch die vom Verstand beeinflußten Bahnen des Gouverneur- und des Konzeptions-Meridians zurück zum Tan T'ien. Auf ihrer Reise durch den Körper durchströmt die Energie die Muskeln, Sehnen und Nerven und verleiht ihnen zusätzliche Kraft und größere Flexibilität und Geschmeidigkeit. Voraussetzung hierfür allerdings ist eine gute, ausgewogene Ernährung, denn falsche Ernährung (wie in den meisten westlichen Familien üblich) behindert den Energiefluß, so daß Krankheiten entstehen können.

Da die Knochen abgeschlossene Einheiten darstellen, wird hier das Eindringen der inneren Kraft sehr erschwert, und sie wird deutlich langsamer aufgenommen. Durch einen als Osmose bekannten Vorgang kann und wird sie jedoch, vorausgesetzt die Ch'i-Energie ist stark genug, bis in das Knochenmark eindringen.

Die Osmose kann vereinfacht so dargestellt werden: Da die Muskeln, Sehnen und das Gewebe des Körpers durch den Fluß der Ch'i-Energie erwärmt werden, wird die Wärme automatisch bis zur Oberfläche der Knochen weitergeleitet. Dadurch wird der Knochen selbst langsam durchwärmt und diese Wärme bis ins Knochenmark weitergeleitet.

Knochen und Knochenmark werden durch ein bei diesem Prozeß stattfindendes »Ausschwitzen« gehärtet. Dadurch wird das Knochengewebe so hart wie Stahl und doch gleichzeitig so geschmeidig wie nie zuvor. Darum sind Krankheiten des Knochenmarks bei den Taoisten unbekannt, und auch darum versucht jeder, der unsere Künste ausübt, seine Ch'i-Energie zu entwickeln.

Sobald diese höchste Vereinigung stattgefunden hat, werden Sie die Stufe optimaler Beherrschung und Kontrolle Ihrer eigenen inneren Kraft (Sheng Chi) erreicht haben. Sie werden in ein Stadium der Verjüngung eintreten, werden in der Lage sein, Krankheiten abzuwehren und die Spanne Ihres eigenen Lebens zu verlängern.

Es ist nicht bekannt, welches Alter die »Söhne des reflektierenden Lichtes« erreichten, mein Meister aber berichtete, er habe gehört, daß sie Hunderte von Jahren gelebt haben sollen. Warum also sollten nicht auch wir danach leben? Sie wären stets ausgeglichen, denn alle Spannungen würden aus Ihrem Leben verschwinden. Sie würden viel glücklicher sein, da Sie nichts aus dem Gleichgewicht bringen könnte. Und Sie würden dauernde Gesundheit gewinnen.

Äußere Energie

Diese Energie ist von entscheidender Bedeutung für unser eigenes Leben. Sie ist bekannt als »Makrokosmische Energie« (Ching Shen Li) und verwandt mit dem Äther, der die Planeten des Universums stützt. Wir wissen, daß sie existiert, obwohl sie unsichtbar ist. Sie ist Billionen Jahre älter als die Welt, in der wir leben, dennoch ist sie extrem jung. Sie wurde Teil Ihres Lebens in dem Moment, in dem Sie geboren wurden. Diese Energie fließt von den Himmeln, durchströmt alle Yang-Dinge in zentripetaler Bewegung und dringt in die Erde, wo sie weitere Energie sammelt. Dann fließt sie zu ihrem Ursprung zurück und durchströmt auf ihrem Weg nach oben in einer zentrifugalen Bewegung alle Yin-Dinge.

Die Makrokosmische Energie ist überall und durchströmt Sie ununterbrochen, auch jetzt, da Sie dieses Buch lesen. Wenn Sie lernen können, diese Energie zu speichern, zu kontrollieren und zu nutzen, können Sie die Königreiche der Unsterblichkeit erreichen, wie die Taoisten es vor vielen tausend Jahren erlernten. Sie lernten auch, sie zur Heilung anderer einzusetzen und wenden dies Wissen heute noch an. Sie ist dynamischer als die innere Energie (Sheng Chi), kann aber ebenso durch den Geist kontrolliert werden. In diesem Fall wird sie durch die Zirbeldrüse übertragen, die die Taoisten als das »Goldene Tor« (Chin Men) bezeichnen. Dies ist der erste Schritt auf dem Weg zu der »Höchsten Erkenntnis« (Tsui Kao Tsuihou).

Die Makrokosmische Energie gibt allen Pflanzen Leben und Lebenskraft, ohne sie würde alles verwelken und sterben. Auch unser eigenes Schicksal hängt von ihr ab. Die mit den Künsten vertrauten Taoisten wissen seit vielen tausend Jahren, daß Krebserkrankungen auf einen niedrigen Stand der inneren und äußeren Energie zurückzuführen sind. Um ihn zu heilen, ist es lediglich erforderlich, diese beiden Energien in dem Kranken zu festigen und aufzubauen. Streben Sie nach Gesundheit durch den Ch'ang Ming-Weg und verfolgen Sie das höchste Ziel, indem Sie Ihre Energien entwickeln. Dann wird das Leben für Sie völlig neue Bedeutung erhalten.

Heilen

Heilen erfordert, im Gegensatz zur Akupunktur, keine besonderen Instrumente und auch keine besonderen Heilkräuter. Alles, was wir benötigen, ist eine eigene stabile Gesundheit, starke Energien, Verstehen der Prinzipien von Yin und Yang und gute Kenntnisse der

Meridianbahnen. Wir können uns selbst und andere heilen. Wenn Sie aber getreu den Ch'ang Ming-Weg befolgen, werden Sie nie krank sein – es sei denn, Sie verstoßen gegen die Ernährungsregeln; dann aber wird Ihr Magen Sie sehr schnell darauf aufmerksam machen.

Heilen durch Vibration

Dies erfolgt auf zwei völlig verschiedene Arten. Erstens durch die Vibration eines speziellen Lautes, wodurch ein Yin- oder ein Yang-Effekt auf eines oder mehrere Organe des Körpers einwirkt. Diese Vibration kann vom Patienten selbst oder durch einen Heilkundigen erzeugt werden. Zweitens durch die Vibration der Ch'i-Energie entlang eines bestimmten Meridians, wodurch wiederum das dem Meridian zugeordnete Organ oder ein bestimmter Bereich gefördert wird. Nur das sichere und sehr eingehende Verständnis der Prinzipien von Yin und Yang versetzte die alten Taoisten in die Lage, den menschlichen Körper bis in solch tiefe Zusammenhänge zu erforschen.

Heilen durch Ch'i- und Li-Energie

Hier werden unsere inneren und äußeren Energien zu Heilzwecken eingesetzt, basierend auf dem Yin- und Yang-Konzept. Der Patient kann sich entweder selbst behandeln oder behandelt werden. Voraussetzung für ein Heilen mit Ch'i-Energie ist die gute Kenntnis der Meridiane, damit diese während der Behandlung voll einbezogen werden können. Jedem Organ ist ein eigener Meridian zugeordnet, der von einem bestimmten Finger oder Zeh entweder ausgeht oder dort endet. Wenn wir es z. B. mit Lungenbeschwerden zu tun haben, legen wir eine Hand auf die Lunge und die andere auf die äußere Kante des Daumennagels. Im Westen würde man dieses Vorgehen wahrscheinlich als Handauflegen bezeichnen.
Das Heilen mit Li-Energie ist sehr ähnlich, jedoch müssen wir durch eine Hand einen angemessenen Vorrat an Li-Energie aufnehmen – dazu müssen wir selbst völlig gesund sein und am besten nach dem Ch'ang Ming-Weg leben –, während die andere Hand auf dem kranken Organ ruht. Die Haltung Ihrer freien Hand hängt davon ab, ob Sie männlich oder weiblich sind, mit anderen Worten Yin oder Yang, und von dem Geschlecht Ihres Patienten.

Meditation

Im Taoismus gibt es etwa zwanzig verschiedene Formen der Meditation, die wiederum in viele Unterformen aufgeteilt sind. Um das Gleichgewicht von Yin und Yang zu wahren, ist sie sowohl intensiv nach außen als auch nach innen gerichtet. Dies ermöglicht es uns, in der Meditation einerseits tief hinein in uns selbst und andere zu schauen und auf »Reisen« unsere ganze Welt zu erfahren sowie andererseits nach außen, zu den astralen und himmlischen Sphären, zu blicken.

Sobald Sie es geschafft haben, in jede gewünschte Meditationsform zu versinken, wann immer Sie es wünschen, können Sie einen Schritt weitergehen und lernen, mit geöffneten Augen zu meditieren. Wir nennen das »visuelle Meditation« (Shih Li Yun Shu). Es gibt noch eine weitere Stufe, die wir als »spirituelle Meditation« (Ching Shen Yun Shu) bezeichnen. Beides sind sehr fortgeschrittene Stadien der taoistischen Meditation, und Sie benötigen einen sehr guten Lehrer, der Ihnen hilft, durch die verschiedenen Stadien zu gelangen. Hier jedoch einige Punkte, die es wert sind, bei der Meditation beachtet zu werden:

1. Legen Sie Ihre Zunge gegen den Gaumen.
2. Atmen Sie nur durch die Nase ein und aus.
3. Führen Sie die Yang-Atmung zur Aktivierung der Energie aus.
4. Versuchen Sie, sich von aufkommenden Gedanken zu befreien und beruhigen Sie den Verstand.
5. Lösen Sie sich von Ihrem Sinnesempfinden.
6. Der Morgen und der Abend sind die idealen Zeiten zur Meditation.
7. Eine Meditation täglich ist das Minimum.
8. Beginnen Sie mit Meditationen von fünfzehn Minuten Dauer und steigern Sie langsam bis zu einer Stunde.
9. Massieren Sie jeden Morgen vor dem Aufstehen Ihren Bauch, machen Sie ein paar tiefe Atemzüge und gehen Sie dann auf Toilette, bevor Sie mit der Meditation beginnen.

Die »International Taoist Society«

Die Lee-Familie

Die Geschichte der Verbundenheit der Lee-Familie mit den taoistischen Künsten reicht weit über 3000 Jahre zurück. In jener Zeit lebte die Familie in der Stadt Wei Hei Wei, einem Fischerdorf etwa 300 Kilometer von Peking entfernt. Die Lee-Familie praktizierte die taoistischen Künste in ununterbrochener Reihenfolge, aber niemand weiß, wie sie ursprünglich in den Besitz der Familie kamen.

Die Künste so vollständig und in ihrer ursprünglichen Form zu erhalten, zeugt von der großen Hingabe, mit der alle Mitglieder der Lee-Familie die Tradition der Künste wahrte. Nur die Geschichte kann uns sagen, wie hart das Studium all dieser Künste war. Dies gilt besonders für die Kunst des T'i Yu (Körperkultur), die zu Beginn außerordentlich hart und starr war, sich jedoch mit zunehmendem Verständnis in eine sehr sanfte Kunst anmutiger Übungen wandelte.

Chan Kam Lee

Chan Kam Lee war der letzte in der Linie der Lee-Familie. Als Händler für Edelsteine reiste er hauptsächlich zwischen Hongkong, Japan, Singapur und England. Nachdem er ein stabiles Unternehmen aufgebaut hatte, eröffnete er sein Hauptbüro in London, von wo aus er den größten Teil seines Handels betrieb.

Nach einer Weile wurde Chan Kam Lee unruhig und suchte nach einer Ausdrucksmöglichkeit für seine körperlichen, geistigen und spirituellen Bedürfnisse. Darum gründete er in London seine erste Klasse, in der er einen ausgewählten kleinen Kreis von Freunden in den taoistischen Künsten seiner Familie unterrichtete. Die Zahl seiner Studenten war sehr gering und es waren niemals mehr als ein Dutzend anwesend, häufig sogar nicht mehr als sechs, da die meisten berufstätig und viel auf Reisen waren. Mit das wichtigste für Chan Lee war jedoch, daß er selbst in Übung blieb.

Chee Soo

Chee Soo wurde als Sohn eines chinesischen Vaters und einer englischen Mutter geboren. Beide starben, als er noch ein Kind war, und er wurde in einem Waisenhaus aufgezogen. Seine erste Arbeit war eine Stelle als

Diener in einer Privatklinik. In seiner Freizeit ging er oft in den Hyde-Park, um die Reiter zu beobachten und Ball zu spielen.
Hier passierte etwas, was seine ganze Zukunft ändern sollte. Eines Sonntagnachmittags ging er in den Park und warf den Ball so unglücklich, daß er den Rücken eines älteren Herrn traf, der auf einer Bank saß. Nachdem er seinen Ball aufgelesen hatte, ging er zu dem Herrn, um sich zu entschuldigen, und sah, daß dieser ebenfalls Chinese war. Damals war es noch eine Seltenheit, einem anderen Chinesen im Park zu begegnen, und so begannen sie miteinander zu sprechen und vereinbarten, sich weiter zu treffen, wann immer sie Gelegenheit hatten. Es begann sich eine gute Freundschaft zu entwickeln zwischen Chee Soo und dem Herrn, der kein anderer war als Chan Kam Lee.
Im Sommer 1934 wurde Chee Soo eingeladen, an Chan Lees Gruppe teilzunehmen. Damit begann ein Training, das er bis heute verfolgt. Sicherlich hat der vom Tao ihm vorbestimmte Weg Chee Soo in die Lage versetzt, das große Gebiet der taoistischen Kampf-, Philosophie-, Heil- und Bewegungskünste auf diese Weise kennenzulernen. Chan Lee war sehr glücklich darüber. Da er selber ohne Familie war und den ernsthaften Wunsch hatte, die taoistischen Künste weiterzugeben, adoptierte er Chee Soo als Neffen und unterrichtete ihn in den Künsten, wann immer seine Zeit es erlaubte. Für Chee Soo bedeutete dies, daß er nun jemanden hatte, dem er vertrauen konnte, der ihm raten konnte und ihn in die Grundlagen der taoistischen Lebensweise und ihrer ganzen Bedeutung einweihte.
Im Zweiten Weltkrieg wurde Chee Soo Panzerkommandant im zweiten Bataillon der »Royal Tank Corps« in Frankreich, in Nordafrika – wo er die »Military Medal« erhielt – und in Burma, wo er nach einer Schlacht von den Japanern gefangengenommen wurde. Während der Zwangsarbeit in den Bergen erlitt er viele Perioden des Hungers, harter Arbeit und Folterung. Drei Jahre später, als die Japaner sich vor den Alliierten zurückzuziehen begannen, gelang ihm schließlich die Flucht in die Shan-Berge von West-Burma. Er suchte seinen Weg über rauhes Terrain und durch viele Dschungel, bis er nach neun Monaten wieder Kontakt mit den Alliierten aufnehmen konnte. Nach weiteren drei Monaten der Erholung und medizinischer Behandlung (er wog damals nur noch 38 kg) kehrte er nach England zurück. Aus der Armee entlassen, lernte er Buchhaltung, Warenbestandskontrolle, Wirtschaftsgeschichte und Verkaufsförderung.
Nach dem Krieg nahm er den Unterricht bei Chan Lee wieder auf und gründete 1950 seine eigene Klasse.

Die Gründung der »International Taoist Society«

Vielleicht interessiert es Sie zu wissen, daß diese Gesellschaft auf den Grundlagen basiert, die ursprünglich von Professor Chan Kam Lee niedergelegt wurden, der im Jahre 1930 die erste Schule in den chinesisch-taoistischen Künsten in London eröffnete. Er starb im Winter des Jahres 1953/54, als sein Boot während eines Unwetters vor der chinesischen Küste sank. Daraufhin wurde Chee Soo gebeten, den Vorsitz über die taoistischen Künste zu übernehmen, die unterrichtet wurden. 1958 errichtete Chee Soo Unterrichtsklassen mit dem Ziel, qualifizierte Lehrer auszubilden. Im Laufe der Jahre haben sich diese Klassen als sehr erfolgreich erwiesen, und es bestehen außer in England auch Klassen und Gruppen in vielen Teilen der Welt. In der »International Taoist Society« werden außerdem die taoistischen Künste der »Acht Fäden des Brokat« unterrichtet:

Ch'ang Ming	– die taoistische diätetische Gesundheitstherapie für ein langes Leben
Ts'ao Yao	– die taoistische Kräutertherapie
Anmo	– die taoistische Massage
Tao Yin	– die taoistische Atemtherapie
Tien Chen	– das taoistische Punktdrücken (Akupressur)
Ch'ili Nung	– Heilen durch Ch'i, Li, Schwingung und Handfläche
Chen Tuan	– die taoistischen Diagnosemethoden

Zwei Vereinigungen sind mit unserer Gesellschaft verbunden.
1. Die »Chinese Cultural Arts Association«, in der folgende Künste unterrichtet werden:

T'ai Chi Ch'uan	– die höchste Erkenntnis
K'ai Men	– das taoistische Yoga (Chi Kung)
I Fu Shou	– die Klebende oder Haftende Hand
Li Kung	– die taoistische Förderung der Li-Energie
Mo Kun	– der taoistische Zauberstab – die äußere Energiekontrolle
Mo Hsiang	– die taoistische Meditation

sowie T'ai Chi-Schwert, T'ai Chi-Säbel, T'ai Chi-Stock und T'ai Chi-Tanz

2. Die »International Wu Shu Association«, in der folgende Künste unterrichtet werden:

Feng Shou	– Kung Fu im Stil der »Hand des Windes«, weich und sanft, jedoch sehr schnell und geeignet für Menschen jeglichen Alters
Chi Shu	– die taoistische Form des japanischen Aikido

sowie andere Formen der taoistischen Kampfkünste; einschließlich solcher Waffen wie Stock, Dreschflegel, Schwert und Eßstäbchen.

Selbstverständlich arbeiten alle drei Vereinigungen zusammen und bewahren die Überlieferungen, die von Chan Kam Lee und seiner Familie niedergelegt wurden.
Natürlich ist auch unser Vorsitzender Chee Soo ein Taoist, und wann immer es möglich ist, hilft er Kranken und Leidenden. Jeder, der an irgendeiner dieser Künste interessiert ist, kann an den Kursen teilnehmen, die regelmäßig in England und auf dem Kontinent stattfinden. Ebenso finden Wochenendkurse, Seminare zu Ostern, Weihnachten und im Sommer statt. Weitere Informationen geben:

The International Taoist Society
426 Charter Avenue
Canley
Coventry CV4 8BD
England

Schule für altchinesische Bewegungskünste
Norbert Meller
Moltkestraße 5, 4432 Gronau

Schule für altchinesische Bewegungskunst,
Atmung und Meditation
Rolf Weber
Kiesstraße 8, 6000 Frankfurt 90

Register

Knaur

Lebenshilfe

(4236)

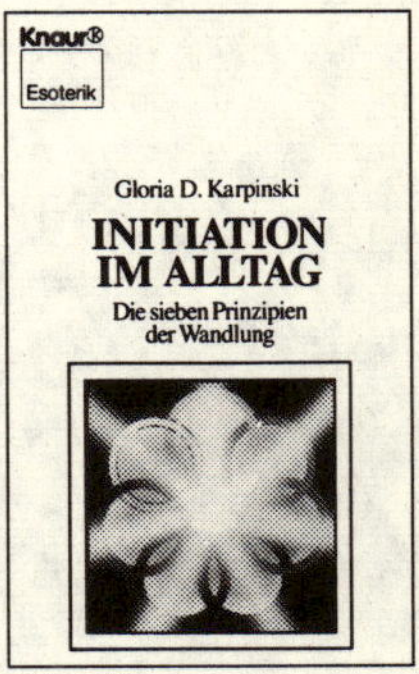

(4276)

(4194)

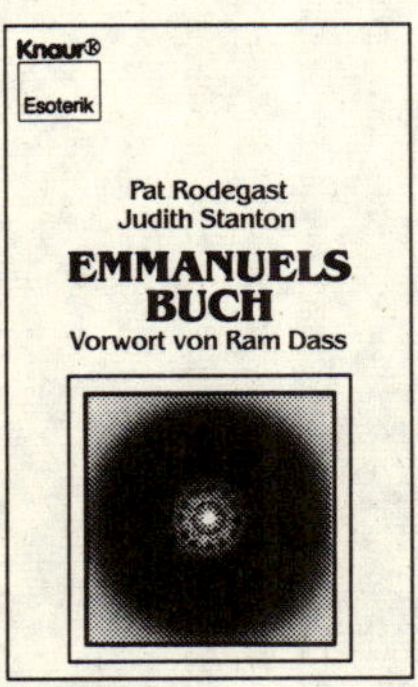

(86006)

(4264)

(4239)